KB245973

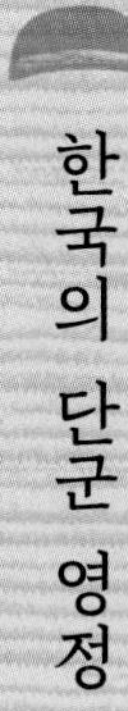

한국의 단군 영정

단군학총서 01

한국의 단군 영정

초판 1쇄 발행 _ 2019년 10월 3일

저자_ 임채우

펴낸이_ 이연숙
펴낸곳_ 도서출판 덕주(德周)
출판신고_ 제2018-000137호(2018년 12월 13일)
주소_ 서울시 종로구 삼일대로 457(경운동 88) 801호
전화 02-733-1470 팩스 02-6280-7331
전자우편 duckjubooks@naver.com
홈페이지 www.duckjubooks.co.kr

© 임채우, 2019

ISBN 979-11-963795-1-3 (93910)
ISBN 979-11-963795-0-6 (세트)

- 출판사와 저작권자의 허락 없이 이 책의 도판과 텍스트 사용을 금합니다.
- 책값은 표지에 있고, 잘못된 책은 구입처에서 바꾸어 드립니다.

한국의 단군 영정

단군학총서
01

임채우 저

&

덕주

작은 글들이지만 한곳에 모이니 일단 4권의 총서 형태를 갖추었다. 국조 단군의 영정·사묘·자료·문헌이란 4주제로 분류하고, 그에 관해 국내외의 자료들을 가능한 한 전수조사를 해서 정리하였다.

우리는 단군을 알리고자 하나, 있는 그대로 객관적으로 알리고자 하였을 뿐 우리 자신이 국수주의에 흐르거나 우리가 감히 국혼(國魂)을 말하려 하지는 않았다. 모화사상과 사대주의에 찌든 민족허무주의를 극복하고 진실의 빛을 찾으려 노력했으나, 오직 있는 그대로를 기록해 두고 묻혀 있던 자료들을 발굴해서 체계적으로 펴내고자 하였다.

예를 들면 『환단고기』는 그 원자료가 1979년에 출간되었으므로 우리는 기본적으로 1979년에 출현한 사료로 보았다. 그 범례에서 계연수가 1911년 간행했다는 내용이 나오지만,

그를 증거할 다른 자료가 없으므로 1911년 간행했다고 '전 (傳)'한다고 기록한다. 또 그 내용에서 고려 말 이암(1297~ 1364)이 지었다고 나오지만 다른 곳에서 확인되지 않으므로, 전(傳) 이암 작으로 기술한다. 만일 그 진실성이 의심스러운 점이 있다면 '의심(疑心)스럽다'고 기록해 둔다는 것이다. 부 분적으로 의문점이 있다고 해서 전체를 위작(僞作)이라고 단 정하지도 않거니와, 의심스런 점을 모른 척하거나 민족주의 적 감정에 호소하지도 않을 뿐더러 일부를 가지고 확대 해석 하지도 않았다. 단군을 찬양하는 견해도 반대하는 견해도 모 두 가감없이 사실 그대로를 기록해 두었다. 앞으로 열정을 가진 애호가와 안목을 가진 전문가의 해석을 기다리며, 옥석 을 가리는 비판을 바랄 따름이다.

이렇게 나름대로 원칙을 가지고 노력했지만, 여러 현실적 제약으로 부족한 점을 감출 수 없다. 일본 가고시마 옥산궁 이나 도쿄의 고려신사도 가 보았고 중국 산동성의 무씨사당 도 답사를 했으나, 정작 단군의 고향이라고 할 수 있는 구월 산이나 묘향산 등 북한 유적을 답사하지 못한 점은 아쉬움을 금할 수 없다.

그러나 그동안 남북한이 개천절 공동 행사를 진행하는 등 단군을 중심으로 남북의 형제들이 서로 만나서 화합의 장을 보인 것은 매우 뜻깊은 일이다. 일제강점기 동안 단군이 독 립운동의 상징이었다면, 앞으로 단군은 통일의 상징으로 남 북의 화합을 이끄는 등대가 될 것이라 생각한다.

이 소편(小篇)들은 단군학의 완성이나 결정판이 아니고, 단군학 연구를 위한 자료 모음집으로서 공구서나 안내서일 뿐이다. 그동안 많은 선현과 선배들의 연구와 헌신의 결과물이 있었기에, 이를 토대로 작은 자료집을 꾸밀 수 있었다.

고려시대의 일연선사와 이승휴 선생을 비롯해서 조선시대의 수많은 학자와 선각자들이 세차게 밀어닥치던 사대주의의 흐름 속에서 의연히 지주(砥柱)가 되었기에 단군의 전승이 그치지 않을 수 있었다. 특히 단군 연구가 본격화한 일제강점기에는 신채호, 박은식, 최남선, 정인보, 신규식, 권덕규, 장도빈, 김교헌, 서일, 윤세복 등의 여러 선현을 비롯해서 광복 직후 김재원, 안호상 박사의 선도적 연구가 길을 열었고, 그 뒤에 이용태, 강수원, 최인, 최동, 이유립, 정명악, 강무학, 이상시, 서희건, 손경식, 송호수 선생 등 여러 학자들의 헌신과 임승국, 임균택, 박성수, 이강오, 박용숙, 정호완, 한영우, 윤내현, 김상일, 정영훈, 박창범, 서영대, 윤명철, 이형구 교수 등의 학문적 열정으로 단군학은 커다란 성과를 일굴 수 있었다. 일일이 거명할 수 없지만 이런 여러 선배들의 노력으로 이제 엄밀한 학적 체계와 고증을 통한 새로운 연구 단계에 들어설 수 있었다.

현재 학계와 사계에서 활발하게 연구를 하고 있는 여러 학자들의 이름은 이 자리에서 하나하나 거론하지는 않지만, 이 책의 내용과 참고문헌 편을 보면 그분들의 학문적 열정과 뜨거운 마음을 단박에 알 수 있을 것이다.

　이런 많은 분들의 노력으로 전통시대에 호랑이 담배 피던 시절의 이야기로 치부되었던 단군이 일제강점기 희망의 등대가 되어 후손들의 슬픈 가슴을 쓰다듬어 주었고, 이제는 다시 통일의 상징으로 우리의 미래를 다시 한 번 비추고 있다. 앞으로도《단군학총서》는 더 수정 보완할 것이고, 또 새로운 주제를 발굴하고, 그동안 묻혀 있던 귀중한 자료들을 잘 다듬어 펴낼 것이다.

　나름대로 정성을 들인다고 했지만, 이 소책자가 갖고 있는 여러 한계와 미비한 점들에 대해선 가차 없는 질책과 질정을 청한다. 다만 한 가지 바라는 것은, 이 소편들이 그동안 단군을 둘러싸고 갈라졌던 흑백의 진영 논리를 벗어나 통일과 화합의 상징으로서 합리적 단군관이 마련되는 작은 디딤돌이 되기를 바라는 마음뿐이다.

단기 4352년 개천절을 맞이하며
〈단군학자료원〉에서 엮은이 대표 임채우 삼가 쓰다.

차례

단군학총서를 엮으며 | 4

1장 《단군학 총서》 해제

발간의 취지 | 16
기존 연구와의 비교 | 22

2장 단군의 위상과 변화

전통시대 단군의 위상과 인식 | 32
근·현대 시기 단군 위상의 변화 | 46

3장 단체 소장 영정

1. 사회·민간단체 및 박물관

서산 와우리 단군전 단군 영정 | 73

부여 장하리 천진전 천진 | 74

곡성 단군성전 단군 영정 | 75

밀양 천진궁 단군 영정 | 76

함양경로당 단군 영정 | 77

무주 신불사 대천궁 단군상 | 78

해남 단군전 단군 영정 | 79

서울 현정회 단군상 | 80

서울 현정회 단군 영정 | 81

태백 단군성전 단군 영정 | 82

대전 단묘 단군 영정 | 83

대전 단묘 단군상 | 84

대전 단묘 삼신석상 | 85

서산 옥녀봉 단군전 영정 | 86

칠곡 국조전 단군 영정 | 87

대구 수성구 단군성전 청동상 | 88

여주 목아박물관 단군목조상1 | 89

여주 목아박물관 단군목조상2 | 90

가평 단군정신선양회 단군성전 석상 | 91

화순 국조전 단군 영정 | 92

화순 국조전 북한 단군 영정 | 93

서울 샤머니즘박물관 단군상 | 94

공주 태상전 단군 영정 | 95

순창 단성전 단군상 | 96

공주 단군성전 영정 | 97

대전 단군정맥 단군 영정 | 98

천안 한민족역사문화공원 단군상 | 99

울산 천부경연구원 천부보전 단군 영정 | 100

하동 삼성궁 다물전 단군상 | 101

2. 종교단체

대종교 천진 | 103
대종교 단군조상 | 104
김제 증산법종교 태평전 단군상 | 105
서울 도봉산 천진사(천진전) 단군성상 | 106
부천 향림사 단군 영정1 | 107
부천 향림사 단군 영정2 | 108
부천 향림사 단군상 | 109
군산 옥구향교 단군상 | 110
진도 단군전 단군 영정 | 111
고창 단군성전 단군 영정 | 112
태백산 망경사 단군 영정 | 113
진안 은수사 단군 영정 | 114
대구 보궁 단군상 | 115
괴산 흥천사 단군 영정 | 116
청도 태천궁 단군 청동상 | 117
영동 선교 불광선인상 | 118
영동 선교 국조전 불광선인상 | 119
증산도 단군 영정 | 120
밀양 신불사 북한 단군 영정 | 121
참나도원 북한 단군 영정 | 122

3. 북한 및 일본

북한 평양 단군릉 단군상 | 124
일본 히꼬산신궁 후지와라고유 | 125
일본 고마산 무궁화공원 단군상 | 126

4장 개인 소장 영정

1. 광복 이전

1883년 명문본 단군 영정 | 129
1883년 명문본 단군 영정 _ 밑그림1 | 130
1883년 명문본 단군 영정 _ 배접지1 | 131
1883년 명문본 단군 영정 _ 배접지2 | 132
1883년 명문본 단군 영정 _ 화기 | 133
백의 단군 | 134
단군 반신상 | 135
대종교본 모사 영정 | 136
왕관을 쓴 단군 | 137
민화 단군1 | 138
민화 단군2 | 139
단군 액자 | 140
단군 영정 | 141
인쇄본 영정 | 142
백두산 천지 배경의 칼라 인쇄본 | 143
천지 배경의 단군 액자 2점 | 144

조선사료연찬회 단군 액자 | 145   『성경팔리』본 초상 2점 | 146

반신 단군 초상 | 147   단군 사진첩 | 148

한배검 사진 액자 | 149

2. 광복 이후

반신상 영정 액자 | 151   익산 천진전과 동일한 영정 | 152

단군 전신상 | 153   붉은 옷의 단군 영정 액자 | 154

백두산 천지 배경 영정 | 154   금색 후광 영정 | 156

월계관을 쓴 단군 | 157   연두색 커튼 단군 | 158

단군 전신 좌상 | 159   솔밭의 단군 | 160

조금석, 단군 비서갑 영정 | 161   단군 전신 좌상 | 162

단군 전신 좌상 | 163   단군 비서갑1 | 164

단군 비서갑 2 | 166   단군 전신 좌상 | 167

단군 전신 좌상 | 169   붉은 후광의 단군 영정 | 170

유화 단군 영정 | 171   3단 후광 단군 영정 | 172

원방각을 든 영정 | 173   원방각 영정1, 2 | 175

최광수 환웅·단군 영정 | 177   홍의 단군 | 178

붉은 바탕의 단군 | 179   탱화 단군 | 180

단군 족자 | 181   금빛 단군 영정 | 182

곰 단군상 | 183   정승섭, 단군 영정 | 184

유양옥, 단군 영정 | 185   정병권, 단군상 | 186

디지털 단군 | 187   민화 단군 | 188

단군 전신 좌상 | 189   단군 기자 민화1, 2 | 191

강용운, 극세필 단군 영정 2점 | 193   판화 단군 | 194

단군성조봉헌국민회 액자 | 195   단군 액자 | 196

단군 액자 | 197   모방작 단군상 | 198

호피 위에 앉은 단군 | 199   북한 단군 영정 2점 | 201

북한 단군 영정 자수 | 202   북한 초상 3점 | 203

북한 단군 영정 | 204

3. 단군 조소상

일제강점기, 청동 부조상 | 206   광복 무렵 청동 단군상 | 207

광복 무렵, 청동 단군상 | 208   광복 무렵, 단군 목조각상 | 209

광복 이후, 옥돌 조각상 | 210   광복 이후, 석고 소조상1 | 211

광복 이후, 석고 소조상2 | 212   60년대, 곰과 범을 거느린 단군 목각 | 213

70년대, 구리 소조상 | 214   80년대, 석고 부조상 | 215

90년대, 단군 석상 | 216   90년대, 목각 좌상 | 217

이홍수, 단군 캐릭터상 3점 | 218   통일기원단군국조상 | 219

4329년 개천절 범민족대회 기념 메달 | 220

4333년 개천한민족대축제 기념 메달 | 220   동판 초상 | 220

4. 삽화 · 인쇄물

『초등대한역사』 | 222   『신궁건축지』 | 222

『단전요의』 | 223   고유상, 『오천년조선역사』 | 223

국조단군칙어 전단지 | 224   『강도지』 | 224

『단기고사』 | 225   『국조단군지』 | 225

『인생필지강륜결』 | 226   한국전쟁 삐라1 | 227

한국전쟁 삐라2 | 228   개천절 포스터 | 229

현대위인열사초상 | 230   초등학교 괘도 | 231

한사요람 | 231   『동서위인약전』 | 224

역사대요 | 225   현대 대한 위인 충렬보의 단군 초상 | 233

현대 대한 위인 충렬보 | 233   임자년 달력 표지 | 234

배달문화연구원 단군 엽서 | 235   단군 포스터 | 236

단군마니숭조회 『단군』 | 237   한국 위인 초상 | 237

역대위인상 | 238   『천부경』 표지 | 238

북한, 『민족의 원시조 단군』 | 238

5. 만화 · 그림동화 · 아동화

박기당, 『단군왕검』 | 240

김산호, 『대쥬신제국사』 | 240

단군 관련 만화책 | 241

그림동화 | 242

『우리의 조상』에 실린 단군상 | 244

『위인 365일』에 실린 단군상 | 244

새마을 노트 | 245

개천절 교육자료 | 245

김산호, 단군 영정 전시회 포스터 | 246

개천절 기념 아동화 | 247

단군상 아동화 | 253

1

《단군학총서》 해제

발간의 취지

독립운동가 신규식(1879~1922) 선생은 단군이 태백산 단목 아래 강림했다는 한줄기 기록이 없었다면 한민족은 다른 민족에게 종속되고 말았을 것이라고 한 바 있다.* 단군은 우리 민족의 국조(國祖)인 동시에, 고려 말이나 일제강점기 같은 혼란한 시대에는 민족을 지켜 주는 희망의 등불이자 위난극복의 구심점이었다. 국조로서 단군은 고조선의 뒤를 이어 부여나 고구려와 발해로 그 전통이 계승되었으나, 후세에 들어와서는 외세의 영향을 받으면서 그 위상이 격하되기도 했다. 특히 조선시대 같은 경우는 모화사상에 젖어서 그 위상이 침체되어 있었다.

그러나 이민족의 침략을 당할 때는 단군 국조를 받들어 민족의식과 자주독립의 지주로 삼았다. 예를 들면 임진왜란 때에 포로로 잡혀간 조선인 24성(姓)이 일본의 가고시마(鹿兒島)에 이주해서 마을 이름을 조선촌이라 칭하고 단군사당을 세워 제사함으로써,** 자신들의 민족의식을 지켜 올 수 있었다. 또 구한말에 단군 숭배 운동이 요원의 불길처럼 번져서 독립운동을 주도했던 사실 역시 국조 단군에 대한 뿌리 깊은 의식을 보여 주는 예이다.

---

* 신규식 저, 민병하 옮김, 『한국혼』, 박영사, 1975, 38쪽 참조.
** 이강오, 『한국신흥종교총감』, 한국신흥종교연구소, 1992, 314~315쪽.

그렇게 단군은 국난이나 위기에 처할 때마다 국민들의 마음을 모으고 힘을 내게 해준 원동력이었다. 적어도 조선 말부터 일제강점기와 한국전쟁의 국난기에서 단군은 한국인으로서 주체성과 자부심을 지키게 해준 상징이었다.

그러나 단군이 조선 말의 위난기에 새롭게 등장한 지도 100여 년이 지나면서 여러 변수가 나타났다. 현대에 들어와 우리 사회에 구미의 서양문화가 물밀듯이 들어오고 삶이 급격히 서양화되면서, 단군에 대한 인식은 변화되었다. 1966년 정부가 단군상을 세우려고 하자 일부 종교계에서 우상숭배라고 반대함으로써 무산된 것을 비롯해서, 1985년 서울시에서 사직공원에 있는 단군전을 확충하려는 계획 역시 종교계의 항의에 부딪쳐 백지화되기도 했다. 그동안 몇몇 중요한 단군 사묘가 근대화와 경제개발의 명분 아래 철거되기도 했고, 단군에 관한 자료들이 망실되거나 옥석을 구분하지 못하고 혼동되는 양상도 보이고 있는 실정이다. 그래서 암울했던 시기 민족의 주체성과 독립운동의 상징으로서의 의미가 점차 퇴색어 가고 있다.

북한에서는 1993년부터 단군릉을 발굴하고 이를 성역화하면서 단군 영정을 제작했다. 원래 북한에서는 신화나 종교를 인민을 기만하고 착취하는 사상이라고 보기에 남한처럼 단군 사묘를 세워 제향을 드리는 일이나 단군에 대한 연구가 활발하게 이뤄지지 못했다. 근자에 북한의 단군 영정 제작 및 성역화 작업은 남한의 영정과 자료들이 토대가 되었기 때문에 가능한 일이었다. 그런데 최근 우리 사회에 북한의 표준 영정이 수입되면서, 일각에서는 전통시대의 영정으로 잘못 알고 있거나 심지어는 그 출처도 모른 채 사묘(祀廟)에 모시는 경우도 발생하고 있다.

현재 단군에 관한 유물이나 자료는 날로 사라지고 있으며, 기타 관련 유물이나 유적 등이 유실되거나 교란되는 실정이다. 지금이라도 관련 유적 유물에 대한 종합적이고 전체적인 조사를 하지 않으면, 우리의 귀중한 문화유산을 방치하거나 분실할 뿐 아니라 후손들에게 국조에 대한 존숭을 잃어버리게 하는 결과를 가져올 것이다. 이제 이런 혼란을 불식시키기 위해서, 영정·사묘를 위시한 단군 관련 자료들을 종합적으로 조사하고 정리할 필요가 있다. 이런 문제의식 아래 본 총서는 기획되었고, 관련 유적 유물에 대해 국내뿐 아니라 일본과 중국 등의 해외 소장 및 분포 현황을 조사하였다.

그래서 먼저 『삼국유사(三國遺事)』 「기이편」의 고조선조를 위시로 『천부경』이나 『삼일신고』 같은 문헌자료뿐만 아니라, 단군 사묘나 영정 및 유적·유물 등의 비문헌 자료를 모두 모았다. 수년간에 걸쳐 단군 관련 자료의 전국적 현황 분포 및 소장 유물을 파악하고, 단군 영정을 비롯한 관련 자료의 현황 등을 조사하였다. 다시 말해 국내외에 존재하는 단군에 관한 유적 유물과 자료를 전수 조사한다는 목표 아래, 단군 관련 문헌·비문헌 자료를 가능한 한 모두 찾아서, 먼저 사진을 찍고 그 내용을 모두 수록했다. 그리고 시대 및 종류별로 분류하고, 내용과 내력을 고증·교감하고 해제를 달아서 총서 형태로 갖춤으로써, 단군 자료의 체계적 보존과 다음의 연구에 도움이 되도록 하였다.

지금까지 일부 개인이나 단체의 소장품을 전시한 경우가 있으나, 단군 관련 유물에 대해서는 전국적인 조사를 실시한 적이 없었다. 다만 최근 문화재청에서 발간한 『근·현대 문화유산 종교(민족종교) 분야 목록화 조사연구 보고서』(2016)에는 단군계 교단인 대종교에서 보유하고 있는 유물 61점이 사진도판과 함께 소개되어 있다. 이 중에서 67%가 문헌류라고 하니, 2/3라는 압도적인 비율이 문헌 유물이다. 이렇게 문헌류의 유물이 많은 이유는 아마도 문헌을 중시하는 유교적 풍토의 영향 때문일 것이라고 추정했다.* 당연히 문헌류의 유물이 압도적인 것은 당연하다. 하지만 비문헌류에 대한 자료도 문헌 자료 못지않게 역사적·학문적 가치를 지니고 있다.

비문헌 자료에 대한 조사는 전국의 단군 사묘 현황을 파악하는 것에서부터 시작했다. 단군 사묘는 각 종교 및 지역의 민간사회단체에서 단군을 존숭하고 제사하는 사묘로서, 관련 유물을 가장 많이 소유하고 있는 곳이기 때문이다. 단군 사묘의 경우에는 단군의 영정이나 위패를 모신 독립된 전각을 가진 단군 사묘 중에서 개천절 혹은 어천절(御天節) 제사를 공개적으로 거행하는 경우로 그 조사 대상을 한정했고, 개인

---

* 『근·현대 문화유산 종교(민족종교) 분야 목록화 조사연구 보고서』, 문화재청, 2016, 658쪽 참조.

적 신앙이나 무속과 관련된 경우는 조사 대상에서 제외했다.

단군 사묘에 대해서는 1970년대 무렵 이강오(李康五, 1920~
1997)가 조사한 자료가 있다.* 그런데 이강오는 우리나라의
신흥종교 현황을 조사하고 연구하는 일환으로 단군 사묘 등
에도 관심을 가졌던 것이지, 본래부터 단군 종교나 단군 자
료 연구가 목적이었던 것은 아니었다. 그러다 보니, 누락된
곳도 있고 구체적이지 못한 부분도 있었다. 그뿐만 아니라
그동안 40여 년의 세월이 경과하면서 여러 가지 변화가 발
생했다. 따라서 본 조사에서는 1970년대 이강오의 연구 결
과를 토대로 하되, 그동안 철폐되거나 신설되는 등 변화에
대해서도 구체적으로 확인하는 동시에, 이강오가 조사했던
내용도 다시 한 번 검증해 보도록 했다. 이로써 현재까지 단
군 사묘 및 관련 유물에 관한 가장 자세한 조사가 진행되었고,
그 결과를 정리해서 공개하게 되었다.

본 총서에서는 단군 영정을 비롯해서 단군 관련 자료나 유
적에 대해 가능한 한 전수 조사와 현장 답사를 원칙으로 했
다. 그러나 개인 소장품의 경우에는 먼저 소장가의 정보를
알기도 어렵고, 안다고 하더라도 공개를 원하지 않는 경우가
많아서 애로사항이 적지 않았다. 때로는 단군 사묘나 관련
단체의 관리 부재나 관리인의 비협조로 어려움을 겪기도 했

* 이강오의 단군 관련 조사 성과로는 「한국의 단군 사묘(檀君祠廟): 단군신앙 각론에서」(전
　북대학교 문리과대학, 1970)를 비롯해서, 『한국신흥종교총감』(한국신흥종교연구소,
　1992)이 있다.

다. 그래서 사실상 전수 조사가 쉽지 않은 실정이다. 그렇지만 본 총서에 실린 자료는 아마도 현존하는 단군에 관한 중요 자료의 8~9할은 망라했을 것이라고 생각한다.

일단 그간의 조사 연구를 집대성하여, 『한국의 단군 영정』을 비롯해서 『한국의 단군 사묘』, 『한국의 단군 자료』, 『한국의 단군 문헌』의 4종 시리즈를 《단군학 총서》로 발간하면서, 앞으로도 계속 묻혀 있던 자료를 발굴하여 편찬할 예정이다.

본 조사를 통해 파악한 단군 영정을 비롯한 자료들을 한군데에 취합한 '단군 종합박물관'이 설립될 필요가 있다고 본다.[*] 단군 관련 자료 및 유물은 국난기에 우리 민족의 주체성과 자주독립을 지켜 주었던 상징이기도 하거니와, 사대주의에 찌들어 있던 위정자들의 위선과 거짓에 대해 민중들이 피와 눈물로 지켜 온 소중한 문화유산이다. 앞으로 이에 관한 종합박물관을 세워서 후대에 그 정신을 물려 줄 수 있도록 할 필요가 있다고 본다. 작으나마 이제 이 총서가 단군 관련 연구의 디딤돌이 되기를 기대할 뿐이다.

---

[*] 민족종교에 관해 조사했던 한 보고서에서도 민족종교에 관한 자료를 한군데 취합한 '민족종교 종합박물관'의 설립이 절실하다고 언급한 바 있다. 『근·현대 문화유산 종교(민족종교) 분야 목록화 조사연구 보고서』, 659쪽 참조.

기존 연구와의 비교

① 단군 사묘

먼저 일제강점기부터 1970년대까지 단군 사묘 현황에 관해
서는 이강오 교수가 연구한 것이 있다. 이강오는 1970년대
의 단군 사묘를 비롯한 1990년대의 전국 민족종교 현황을
조사해서 학계에 보고했다.

이강오의 연구에 의하면 일제강점기에서부터 1970년대까
지의 단군 사묘 현황을 대략 파악할 수 있다. 1970년도 「한
국의 단군 사묘」란 논문을 통해서 32개소의 단군 사묘를 조
사해서 발표한 바 있다. 이것이 전국을 대상으로 하였지만
1960년대와 1970년대의 열악한 환경 속에서 단독으로 조사
한 결과라는 점에서 여러 한계를 가질 수밖에 없다. 하지만
학문적 관심을 받지 못했던 당시로서는 선구적인 조사를 했
다고 할 수 있다.

하지만 실제로 답사를 해 보면, 이강오의 연구에서 누락되
었던 사묘도 있고, 1970년대에 존재했던 단군 사묘가 헐려
없어지거나 근자에 새로 건립되기도 하는 등 여러 변화가 있
음을 알 수 있다. 예를 들어 1957년 칠곡에서 건립된 국조전
은 이강오의 1970년 조사에서 누락되었다. 이강오가 언급한
작산 단군전은 몇 년 후인 1976년에 철거되었으나 이런 사
실이 반영되지 못했다. 또 단군성주교는 1936년에 세워진
단군 사묘라고 했는데, 이는 제주도 지역에서 만들어진 증산

계열의 신종교로서 단군을 모시기는 하지만 여러 신 중의 하나로 배향되어 있고 개천절 등의 단군 제사나 행사가 없다. 또 이외에도 설립 연도 등에서 사실과 약간의 차이가 있는 경우도 있다.

이강오가 조사한 전국 단군 사묘 32개소는 지금은 절반 정도가 사라져서 18개소가 남아 있다. 최근 2014년에는 강화군청에서 단군 문헌 전시회를 열면서 41개소의 단군 사묘를 언급한 바도 있다.[*] 이는 직접 답사해서 조사한 결과가 아니라, 이강오가 조사한 32개소에 평양에 있는 단군묘 등 몇 군데를 추가한 것이다.

아무튼 1970년대 이후 40여 곳이 새로 시설되어 현재 규모를 갖춘 정식의 단군 사묘는 전국적으로 50여 곳으로 파악되고 있다. 현재 존립하고 있는 정식의 단군 사묘는 광복 이전이 6개소(일본 옥산궁 포함), 광복 이후가 32개소, 2000년

---

[*] 여기에서 언급한 단군 사묘는 다음과 같다. 평양 단군묘·숭령전, 1429. 구월산 삼성사, 1480년 무렵. 남산 와룡암 단군묘(檀君廟), 1605. 단군숭배 신교, 1890년경. 백두산 대숭전, 1904. 서울 대종교 총본사 천진전, 1909. 작산 단군전, 1913. 모촌 단군전, 1913. 곡성 단군전, 1916. 해남 단군전, 1923. 시흥 단군전, 1930. 단군성주교(檀君聖主敎), 1936. 어래산 단군전(숭령전), 1945. 밀양 천진궁, 1946. 은적산 단군성전, 1946. 개태도광사창운각, 1946. 계룡 천진전, 1948. 증평 단군전, 1948. 장하 단군전, 1948. 대전 단묘, 1958. 익산 단군성묘, 1951. 대구 단군성전, 1955. 서울 남산 단군굴, 1957. 왜관 국조전, 1961. 유성 단군대황전, 1958. 연산 단군천진전. 개천탑, 1958. 내산 천조전, 1959. 남선 단군전, 1964. 마산 단군전, 1960. 진주 단군전, 1960. 순창 단군전, 1961. 거창 단군전, 1962. 부산 단군전, 1962. 김제 단군정신선양회 교당, 1962. 서산 단군전, 1963. 부여 단군전, 1964. 도봉산 단군전, 1965. 한일교, 1967. 대전 보문산 청심등대세계평화탑, 1967. 서울 사직동 단군성전, 1968. 거발한 개천각, 1969. 『단군문헌』, 강화군, 2014 참조.

이후가 10개소, 미조사가 3개소 그리고 북한에 3개소로서 총 54개소에 달한다. 이외에도 단군을 모신 사묘나 단체가 더 있을 수 있다. 그러나 이들 대부분은 개인적으로 모신 것이거나 신앙의 대상이나 혹은 외부의 방문을 허용하지 않는 폐쇄적인 경우로서, 본 조사에서 이렇게 개인적인 목적을 갖고 있거나 개별적이고 폐쇄적인 사묘는 조사에서 제외했다.

본 조사에서는 50여 개소의 단군 사묘 중에서 일본에 있는 것을 포함한 48개소를 직접 답사해서 그 현황을 조사했다. 북한의 경우에는 조선시대로부터 이어진 숭령전(崇靈殿)과 삼성사(三聖祠)와 최근에 단군굴에 건립한 단군 사묘가 있음을 사진으로는 확인할 수 있었으나, 직접 답사해서 그 현황과 제향 여부를 파악할 수가 없었다. 서울 남산 와룡묘 단군성전, 강원도 평창 삼신신앙 대본사, 경남 남해 단군성전은 조사 자체를 원하지 않는 등의 이유로 이들을 제외하고 일본의 가고시마에 있는 옥산궁까지 포함해서 결국 48개소의 단군 사묘의 현황을 직접 조사할 수 있었다. 또한 전북 익산의 천진전의 경우는 관리상의 이유로 방문이나 영정 촬영에 어려움이 있어, 다른 개인 소장의 영정 자료로 보충한 경우도 있었다.

이외에도 중국 산동성에 있는 무씨 사당을 답사하여 화상석을 조사했다. 그러나 무후사는 단군 사묘가 아니고, 화상석에도 단군신화가 새겨져 있다고 단정할 근거가 없어서, 『한국의 단군 자료』의 전적에만 소개했다.

본 조사의 결과를 이강오의 1970년 조사 결과와 알기 쉽

시기	1970년 이강오 조사	2017년 본 연구팀 조사
광복 이전	서울 대종교총본사 천진궁, 1909. 작산 단군전, 1913.(철거됨) 모촌 단군전, 1913. 곡성 단군전, 1916. 해남 단군전, 1923. 시흥 단군전, 1930.(철거됨) 단군성주교, 1936. 어래산 단군전(숭령전), 1945.	서울 대종교총본사 천궁, 1909. 충남 서산 와우리(모촌) 단군전, 1913. 전남 곡성 단군성전, 1914. 전남 해남 단군성전, 1923. 전남 진도 단군전, 1923. 일본 가고시마 옥산궁, 1605.
광복 이후 ~1970년	밀양 천진궁, 1946. 개태도광사 창운각, 1946. 계룡 천진전, 1948. 증평 단군전, 1948. 장하 단군전, 1948. 익산 단군성묘, 1951. 대구 단군성전, 1955. 서울 남산 단군굴, 1957. 왜관 국조전, 1961. 유성 단군대황전, 1958. 내산 천조전, 1959. 남선 단군전, 1964. 마산 단군전, 1960. 진주 단군전, 1960. 순창 단군전, 1961. 거창 단군전, 1962. 부산 단군전, 1962. 서산 단군전, 1963. 부여 단군전, 1964. 도봉산 단군전, 1965. 서울 사직동 단군성전, 1968. 거발한 개천각, 1969.	충남 논산 개태사 창운각, 1947. 충북 충주 숭령전, 1947. 충북 증평 단군전, 1948. 충남 부여 천조궁, 1949. 전북 익산 천진전, 1951. 경남 밀양 천진궁, 1953. 전북 김제 증산법종교 태평전, 1953. 서울 현정회 단군성전, 1955. 대구 단군성전, 1956. 경남 함양 단군전, 1960. 충남 논산 대종교청동시교당 천궁, 1960. 경북 칠곡 단민회 국조전, 1961. 전북 순창 단성전, 1961. 충남 서산 옥녀봉 단군전, 1964. 대전 단묘, 1964. 전북 진안 양명마을 단군전, 1965. 서울 천진사(천진궁), 1967. 충북 청원 단군성전, 1968. 인천 단단학회 개천각, 1969.
1970년 ~ 1999년		경기 부천 향림사 단군성전, 1971. 광주 단성전, 1972. 전북 군산 옥구향교 단군성전, 1972. 강원 태백 단군성전, 1975. 인천 한얼교 머리궁 전북 고창 단군성전, 1978. 전북 무주 신불사 대천궁, 1984. 전북 진안 은수사 태극전, 1987. 경기 가평 단군성전, 1988. 전남 화순 국조전, 1989. 전북 남원 단군성전, 1992. 충북 괴산 흥천사 단군전, 1992. 경남 하동 삼성궁 건국전, 1995.
최근 (21세기 이후)		전북 정읍 단군성전, 2000. 경기 여주 목아박물관 한얼울늘집, 2000. 충남 공주 단군성전, 2001. 충북 영동 선교 국조전, 2006. 충남 금산 참나도원 대웅전, 2006. 강원 동해 단군성전, 2008. 경북 칠곡 대종교천대궁시교당 천궁, 2010. 경북 청도 태천궁, 2011. 전남 영암 수성사 단군성전, 2011. 울산 천부보전 2012.
기타(조사 불허)	서울 남산 와룡묘 단군성전, 강원도 평창 삼신신앙 대본사, 경남 남해 단군성전	

게 비교해 보면 다음의 표와 같다.

이강오의 연구는 1970년까지로 한정되어 있으며, 그 이후의 상황이 반영되어 있지 않다. 본 조사 결과 지금은 사라진 단군 사묘도 14개소에 이르며, 1970년대 이후 신설된 단군 사묘도 23개소에 달함을 알 수 있었다. 표에서는 광복 이후를 1970년도를 기준으로 다시 세분함으로써 이강오 이후의 단군 사묘를 이전과 섞이지 않게 분명히 표시하도록 했다.

또 이강오의 연구는 단군 사묘의 설립자나 연혁 등에 대해 관심을 두었지, 관련 유물이나 자료 등에 대해서는 조사하지 못했다. 본 연구에서는 이런 점을 보완해서 관련 자료를 최대한 조사하고 실물 자료를 촬영함으로써, 단군 사묘 연구의 충실한 참고가 되도록 했다.

50여 개소의 단군 사묘는 국내에는 서울부터 대전, 논산, 광주, 남해, 밀양, 대구, 칠곡, 동해, 태백 등 전국 방방곡곡에 편재해 있다. 북한에는 조선시대부터 내려온 숭령전과 삼성사가 있으며, 일본에도 규슈의 가고시마에 임진왜란 때에 끌려간 도공들에 의해 지어진 옥산궁이 존재하고 있다. 이외에도 개인 신앙이나 무속 차원에서 단군을 모시는 경우도 있다. 이들까지 포함하게 되면 대소 수백 곳에 이를 수도 있다. 하지만 본 조사에서는 단군의 영정이나 위패를 모시고 있는 독립된 전각이 있는가를 기준으로 삼아, 국경일인 개천절이나 어천절에 공식적인 제례나 기념행사를 하는 곳을 원칙적 대상으로 하였다.

북한의 경우에 10월 3일에 단군릉에서 기념행사와 제사를 올리고 있는 것으로 전해지는데, 현재 숭령전과 삼성사에서도 제향을 하는지는 불확실하다. 일본의 옥산궁에서는 개천절이 아니라 민족의 명절인 추석에 제향을 드리고 있다.

이런 원칙하에 국내외의 단군 사묘를 조사했고, 사묘를 설립한 단체명과 단체의 창립연도와 창교주(설립자), 현재의 대표자와 건립 연도, 건립자뿐 아니라, 가능한 한 관련 자료 및 유물 보유 현황 등에 대해서도 일괄적으로 조사했다.

② 영정 및 기타 연구

단군 사묘에는 위패를 쓰는 경우도 있으나, 대개는 영정이나 조소상으로 단군을 모신 경우가 많다. 현재 우리나라에는 대종교 단군 영정과 현정회 단군 영정이 국가 표준영정으로 지정되어 있다. 그래서 이들 영정은 대개 대종교 영정을 저본으로 삼아 그린 경우가 가장 많다. 각 사묘나 단체, 혹은 화가의 시각에 의거해서 대종교 및 현정회 영정을 부분적으로 수정하거나 재해석해서 그려진 경우가 상당수 있으며, 표준영정의 사진을 모신 경우도 있다.

현재까지 단군 영정에 대한 자료집으로는 2014년 단군 서적 수집가 최현호의 컬렉션을 강화군청에서 발간한 『단군문헌』의 일부에 실린 14점의 영정이 유일하다. 여기에 판화 및 조소상 4점과 인쇄물 10점이 추가되어 총 28점의 단군상이 수록되어 있다. 이는 개인이 수집한 결과물이다.

단군상의 연구 성과는 1990년대 이후로 현재까지 여러 편이 나와 있다. 연구 결과를 간단히 정리해 보면 다음과 같다.

리철, 「력대 단군화상들의 사료적 가치」, 『단군과 고조선연구』, 평양 사회과학출판사(한국문화사 영인), 1994.

하늘땅사랑 편집부, 「국조 단군 영정 통일돼야 한다: 정부가 한 분의 국조에 두 얼굴을 승인」, 『하늘땅사람』 창간준비호, 대종교 총본사, 1996.

조준희, 「천진 이야기」, 『대종교보』 통권 제286호, 개천4457년(2000) 봄호.

김정, 「단군 초상화에 관한 연구: 한국인 안면·두상 정립을 위한 모색」, 『조형교육』 20, 2002.

김정, 「단군의 진짜 얼굴을 찾습니다」, 『신동아』 통권 565호, 동아일보사, 2006. 10.

조준희, 「단군 영정」, 『알소리』 5호, 한뿌리, 2007. 7.

임채우, 「단군 영정의 기원과 전수문제」, 『선도문화』 11권, 2011.

김주호, 「개국조 단군영정부터 통일을」, 민족종교 칼럼, 2014. 9. 25.

우실하, 「남북한 단군영정의 통일을 위한 제언」, 2017한민족뿌리문화학술회의 발표문, 강화군, 2017. 11. 10.

본서에서는 현재 종교단체 및 민간단체, 박물관 등에서 소장하고 있는 단군 영정 52점과 또 다른 개인 소장 80여 점 등 모두 130여 점의 정식 단군 영정 및 단군상을 직접 촬영해서 수록했다. 여기에 삽화나 사진 등의 인쇄물에 실린 도판사진과 그림책 및 아동화 등의 80여 점 단군상을 더해서 전체적으로 총 200여 점이 넘는 단군 영정·단군 초상 및 소조상을 수록했다. 본서에 수록된 사진은 널리 알려진 표준영정 등을 제외하고는 거의 처음으로 공개되는 도판들이라고 할 수 있으니, 이를 토대로 앞으로 단군 영정 연구에 도움이 되기를 바라는 마음 뿐이다.

이외에 단군 유적에 대한 답사기로는 일제강점기인 1932년 당시 소설가이자 언론인이었던 현진건(1900~1943)의 『단군성적순례(檀君聖跡巡禮)』(동아일보, 1932)가 있고, 근자에 나온 것으로는 일본의 일부 지역까지 포함한 박성수의 『단군기행』(교문사, 1988)과 이를 증보한 『단군문화기행』(서원, 2000)이 있다.

단군신화에 대한 종합 연구서로는 이기백이 편집한 『단군신화논집』(새문사, 1990)과 윤이흠이 편집한 『단군 그 이해와 자료』(서울대학교출판부, 2001)가 있다. 북한에서 나온 단군 관계 연구논문집으로는 『단군과 고조선 연구』(평양 사회과학출판사, 1994)가 있다. 남북한 학자들의 공동 연구 결과도 같은 이름으로 출간된 바 있다. 남북교류가 한창이던 2003년에서 2005년 무렵, 3차에 걸친 남한의 단군학회와 북한의 조선력사학회의 공동학술대회 결과를 편집 출간한 『단군과 고조선 연구』(지식산업사, 2005)가 있다.

그리고 단군에 관한 문헌 자료를 수집해서 전시한 자료집으로『단군문헌』(강화군, 2014)이 있다. 단군에 관한 국내외 문헌 기록을 교감해서 분류하고 집대성한 것으로『단군 자료 집성』(한국민족종교협의회, 2015)이, 단군 영정을 비롯해서 단군 사묘와 유적, 유물을 자료집으로 모은 것으로는『단군 사묘·유적·유물 집성』(한국민족종교협의회, 2017)이 있다.

이상 본 연구에서 조사한 단군 사묘·영정 및 유적 현황을 알기 쉽게 도표화하면 다음과 같다.

단군 사묘	민족종교 계열	대종교	3개소	문광부 종교단체 등록 및 민족종교협의회 등록 단체 기준
		민족종교	2개소	
		기타	1개소	
	불교 계열	6개소		단군을 중심으로 모신 독립 전각 유무
	유교 계열	5개소		향교 내 위치하거나 유교 표방
	민간단체	25개소		특정 종파 제외
	지자체	1개소		진안군 양명마을 단군전
	학교법인	1개소		대전 단묘(기증으로 학교법인 귀속)
	박물관	1개소		목아박물관
	개인	2개소		무속이나 개인적 신앙은 제외
	미조사	3개소		와룡묘 단군성전, 평창 삼신신앙대본사, 남해 단군성전
	북한	3개소		구월산 삼성사, 평양 숭령전, 묘향산 단군굴 사묘
	일본	1개소		가고시마 옥산궁
단군 영정 및 상	단체	52점		단군 사묘 48점 + 박물관 2점 + 북한 1점 + 일본 1점
	개인	66점		개인 소장 영정 52점 + 상(像) 14점
단군 관련 유적지	남한	2개소		강화도 참성단 · 삼랑성, 태백산 천제단
	북한	2개소		묘향산 단군굴, 평양 단군릉

2

단군의 위상과 변화

전통시대 단군의 위상과 인식

고대 시기

우리나라의 국조 단군에 대한 존숭은 아득한 상고시대로부터 면면히 이어져 왔다. 특히 국난을 당했을 때는 국조숭배가 더욱 대두되었다. 고려 말 거란과 원나라의 침입에 맞서 싸우면서 일연의 『삼국유사』나 이승휴(李承休)의 『제왕운기(帝王韻紀)』 같은 사서에 단군 신화가 수록되었던 것은, 국조 존숭을 통해 국가의 위기 속에서 민족의 정체성과 자존심을 지키려는 의식의 발로였다고 할 수 있다. 또한 조선 말 일제의 침탈 앞에 단군교가 중광되고, 독립운동의 구심점이 되었던 것 역시 국조를 통한 민족의 자주성과 독립정신을 표현한 것이었다. 상해 임시정부의 의정원 29인 중 대종교에 관련된 인사가 21명이었다고 하니, 단군은 일제에 맞선 우리 민족의 상징이자 정신적 지주로서, 실제 독립운동에 커다란 힘을 발휘하였음을 알 수 있다.

이러한 국조 존숭은 예로부터 단군을 제사하는 민간의 습속으로 자연스럽게 이어졌다. 북한에서는 단군이 기원전 2272년 강화도 마니산에 제천단을 쌓고 한울에 제사지낸 때부터 단군 제례가 생겨났다고 하면서, 예와 맥에서는 '무천'이라는 제천행사를, 부여에서는 '영고', 마한은 '수두', 진한과 변한은 '계음'이라는 제천행사를, 신라에서는 '팔관제', 고구려에서는 '동명', 백제에서는 '교천', 고려에서는 '팔관' 등의 제천행사를 모두 단군 숭배와 결합하여 진행했다고 본다.

이렇게 다양한 방식으로 단군을 모시던 고유의 전통이, 시대가 내려오면서 유교 혹은 불교식의 '사묘(祀廟)'라는 일정한 형식을 갖추게 되었다. 그래서 단군 사묘는 단군(檀君)을 국조로서 제향(祭享)하는 사우(祠宇)나 묘당(廟堂)으로서, 대개 단군의 신위(神位)로서 위패(位牌)나 영정(影幀)을 모시거나 상(像)을 모시게 되었다.

단군 사묘에 대한 기록은 조선 중기의 사료인 『규원사화(揆園史話)』에 보인다.* 여기에는 단군묘의 전신으로 발해의 보본단(報本壇), 고려의 성제사(聖帝祠) 등을 들고 있다.

발해 때는 보본단이 있었고, 고려 때는 성제사가 있었으며, 요나라에는 목엽산(木葉山)의 삼신묘(三神廟)가 있었고, 금나라에는 개천홍성제(開天弘聖帝)의 사당이 있었다.** 우리 세종께서는 단군묘(檀君廟)를 평양에 설치하였는데, 세조 원년에

---

* 규원사화 위작논쟁에 대한 문제는 임채우, 「선도사서 규원사화 해제-위작설에 대한 쟁점을 중심으로」, 『선도문화』 6집, 2009 참조.

** 『遼史』 권49, 志 제18, 禮志 1, "吉儀, 祭山儀: 設天神　地祇位于木葉山, 東鄕; 中立君樹, 前植羣樹, 以像朝班; 又偶植二樹, 以爲神門. 皇帝　皇后至, 夷離畢具禮儀. 牲用赭白馬　玄牛　赤白羊, 皆牡. 僕臣曰旗鼓抶刺, 殺牲, 體割, 懸之君樹." 및 『金史』 권35, 志 제16, 禮 8, "諸神雜祠, 長白山, 大定十二年, 有司言: "長白山在興王之地, 禮合尊崇, 議封爵, 建廟宇." 十二月, 禮部　太常　學士院奏奉勅旨興國靈應王, 卽其山北地建廟宇. … 明昌四年十月, 備袞　冕　玉网　儀物, 上御大安殿, 用黃麾立仗八百人, 行仗五百人, 復册爲開天弘聖帝." 참조.

위패를 고쳐 '조선시조단군지묘(朝鮮始祖檀君之廟)'라 하였다.[*]

이를 보면 발해와 고려뿐 아니라, 요나라의 삼신묘와 금나라의 개천홍성제의 묘 등이 모두 단군을 모신 사묘로 등장한다.

이보다 더 오래된 단군 사묘에 대해서는 『환단고기(桓檀古記)』에 기록이 보인다. 이를 보면 33대 단군인 감물(甘勿)이 삼성사(三聖祠)를 세워서 삼성을 친히 제사했다는 기록이 나온다.[**] 여기에서 삼성사란 환인·환웅·단군을 모신 사당으로 추정된다. 그리고 47대 단군인 고열가(古列加)가 "기묘 40년에 백악산(白岳山)에 단군왕검묘를 세우고 사시(四時)에 제사했고, 왕은 일 년에 한 번 친제(親祭)를 드렸다"고 해서 '단군왕검묘'를 건립했다는 기록도 있다.[***] 이외에도 삼성묘(三聖廟)에 대해서도 언급이 나오기는 하지만,[****] 이들 사묘에 대해서는 더 이상 그 실체를 확인할 수는 없다.

현재 북한에 있는 묘향산 단군굴이나 강동 대박산에 있는 단군릉은 그 유래가 매우 오래된 단군 관련 유적들이다. 남

---

[*] 『규원사화』「단군기」, "渤海時有報本壇, 高麗時有聖帝祠, 遼有木葉山三神廟, 金有開天弘聖帝之廟. 我世宗, 設檀君廟於平壤, 世祖元年, 改位版曰朝鮮始祖檀君之廟."

[**] 『환단고기』「단군세기」, "三十三世檀君甘勿 在位二十四年, 戊子七年. 寧古塔西門外甘勿山之下 建三聖祠 親祭 有誓告文曰 三聖之尊 與神齊功 三神之德 因聖益大. 虛粗同體 個全一如. 智生雙修 形魂俱衍. 眞敎乃立 信久自明. 乘勢以尊 回光反躬. 截彼白岳 萬古一蒼. 列聖繼作 文興禮樂. 規模斯大 道術淵宏. 執一含三 會三歸一. 大演天戒 永世爲法."

[***] 『환단고기』「단군세기」, "四十七世檀君古列加, 在位五十八年 丙寅元年. 己卯十四年. 立檀君王儉廟于白岳山 令有司 四時祭之 帝歲一親祭."

[****] 『환단고기』「태백일사」, "番韓世家 下, 戊戌 子奚壽立. 壬寅 遣子勿韓 往九月山 助祭三聖廟 廟在常春朱家城子也."

한에는 강화도 마니산과 태백산 천제단이, 단군이 제천의례
를 행하던 곳이라고 민간에서 전해 온다. 이외에도 이강오에
의하면 황해도 신천군의 어천대(御天臺), 묘향산 단군굴 석주
(石柱)를 비롯해서, 국내 각처의 산상에서 볼 수 있는 산왕단
(山王壇)·산신단(山神壇)·성황단(城隍壇)이나 마을의 당산도 예
로부터 민간에서 단군을 제사하던 제단이라고 보았다.

고려·조선 시기

역사적으로 단군 사묘의 존재가 확인되는 것은 고려시대 이
후이다. 숭령전(崇靈殿)의 전신인 고려시대의 성제사라든지,
이승휴의 『제왕운기』에 단군 사당의 존재가 언급된 것이 그
예이다.

평양 숭령전

고려 말 거란의 침입과 원나라의 침략을 막기 위하여 평안도
강동군에 단군묘를 설치하고, 단군이 어천(御天)하였다는 황
해도 구월산에는 삼성사(三聖祠)를 세웠다고 한다.* 『삼국유
사』와 『제왕운기』에서 고조선을 우리 역사의 시원으로 제시
하고, 기자(箕子)에 앞서 단군을 기술한 것 역시 30여 년의 몽

---

* 『高麗史』 58卷, 志12, 地理3-007, "顯宗九年 有九月山[世傳阿斯達山] 莊莊坪[世傳檀君所
   都卽唐莊京之訛] 三聖祠[有檀因檀雄檀君祠]."

평양 숭령전
(출전_조선향토대백과)

고항쟁을 거친 뒤 고양된 민족의식을 보여 준다.[*]

역사적으로 확인되는 최초의 단군 사묘는 평양에 세워진 숭령전이다. 이는 영숭전(永崇殿)이라고도 불리기도 하고, 단군사(檀君祠) 혹은 단군묘(檀君廟)라는 이름으로도 불리다가 숭령전으로 개명되었다.

이외에도 고려 인종 9년(1131)에 묘청의 건의로 평양에 팔성당(八聖堂)을 세워 '구려평양선인(句麗平壤仙人)' 등을 모셨

---

[*] 박광용, 「기자조선에 대한 인식의 변천-고려에서 한말까지의 사서를 중심으로」, 『한국사론』 6, 1980, 255~258쪽 참조.

다고 하는데,『삼국사기』고구려 동천왕 본기에 '평양은 선인 왕검의 집(平壤仙人王儉之宅)'이란 구절에 근거해 본다면 평양선인(平壤仙人)이란 바로 단군왕검을 지칭한 것으로 추정된다. 그렇다면 묘청의 팔성당에도 단군을 모셨을 가능성이 있다.

조선시대에 들어와서는 1429년(세종 11)에 기자를 제사지내던 숭인전(崇仁殿) 옆에 정전과 행랑을 세워 '단군사 동명왕사'라고 부르면서 고조선을 건국한 단군과 고구려의 시조인 동명왕을 함께 제사지내게 되었다.

세조 2년(1456)부터 위판(位板)을 바꾸어 "조선시조단군지위(朝鮮始祖檀君之位)"라 함으로써 단군을 조선 시조로 기자를 후조선 시조로 확정하고 평양의 단군사를 비롯해서 구월산 삼성사 등을 국가 사묘로 삼고 국가의 중사(中祀)로 제향했다. 1460년에 세조가 세자를 데리고 가서 친히 제사지내기도 했다.

1530년에 편찬된『신증동국여지승람(新增東國輿地勝覽)』에서는 '단군사(檀君祠)'를 소개하면서, "동명왕사(東明王祠)와 함께 기자사(箕子祠) 곁에 있다. 두 사묘가 같은 집에 있는데, 단군이 서편 채에, 동명이 동편 채에 있으며 모두 남향이다. 해마다 봄가을에 향축(香祝)을 내리며 중사(中祀)로 제사한다. 세종 11년에 처음 설치했다"고 기록되어 있다.

1679년(숙종 5) 숙종은 근신(近臣)을 보내 단군묘(檀君廟)에 제사지내게 하고, 1697년에 단군묘시(檀君廟詩)를 지어 바쳤다. 1729년(영조 5)에 숭령전으로 이름을 바꾸고 참봉 두 사람을 두어 관리하게 하였으며 승지를 보내 제사지냈다. 1804년(순조 4) 평양부의 큰 화재로 소실되었으나 곧 복구되었다.

1868년(고종 5)에 경복궁의 중건 공사가 준공되자, 고종은 "금년은 단군께서 나라를 세우신 무진년이라, 동녘 땅에 나라의 큰 기틀을 처음으로 세우사 1000여 년을 다스리셨는바 이제 마침 이 궁전(경복궁)의 낙성됨을 고하여 하늘의 큰 명(命)을 맞이해 드리니 우연한 일이 아니다"라고 교시(敎示)를 내리고 평안도관찰사를 보내어 제사지내게 하였다. 해마다 지내는 세제(歲祭) 때에는 "참으로 하늘이 덕을 내리사 동녘 땅에 큰 기틀을 처음 세우셨도다. 이에 제사를 드리오니 큰 복을 내리소서"라고 축문을 올렸다는 기록이 있다.[*]

숭령전을 현재 북한의 평양직할시 중구역 종로동에 위치해 있으며, 북한의 국보 문화유물 제6호로 지정되어 있다.

구월산 삼성사

삼성사는 황해도 신천군 구월산에 있다. 이승휴의 『제왕운기』의 주석에는 구월산에 "단군 사당이 지금도 남아 있다"라는 기록이 있던 것으로 보아, 고려시대에 삼성사가 존재했음을 알 수 있다. 본래는 삼성당(三聖堂)으로 불렸으나, 조선중기에 삼성사로 고쳐 부르게 되었다.

---

* 『한국민족문화대백과』 숭령전 조 인용.

조선초 태종 때 삼성당을 폐하여 평양의 단군묘에 합사를
하자 황해도에 악질이 퍼져서 그치지 않았다. 그러자 삼성당
복원을 청하는 상소가 계속되었다. 후에 1472년(성종 3) 황해
도관찰사 이예(李芮)가 장계에서 삼성당의 상황을 상세히 설
명하고, 국가적인 차원에서 삼성당을 복원하고 제사드릴 것
을 간청하자, 삼성당을 삼성사로 개칭하고 환인·환웅·단군의
위판(位板)을 봉안하였으며, 평양 단군묘의 예에 따라 해마다
향축을 보내어 제사를 지내게 하였다. 그렇게 삼성사가 복원
되어, 조선시대에 제향이 계속되었으나, 1916년 대종교 교
주 나철(羅喆, 1863~1916)이 이곳에서 숨을 거두자 일제는 민
심의 동요를 막기 위하여 삼성사를 헐어 버리고 말았다.

현재 북한에 삼성사가 다시 복원되어 있다. 내부는 위판
대신 최근에 그려진 환인·환웅·단군의 영정이 모셔져 있다.

단군굴은 평안북도 묘향산 향로봉 중턱에 있는 너비 16m, 길이 12m, 높이 4m에 달하는 거대한 동굴이다. 현진건이 1932년 7월 12일 단군굴 참배의 길에 오르며 쓴 『단군성적 순례』란 책을 보면 당시 단군굴의 상황과 그곳에 얽힌 여러 전설 등을 볼 수 있다. 당시 단군굴까지 가는 길은 매우 멀고 험해서 이틀간의 여정이 필요했던 것으로 표현되어 있다. 단군굴을 비롯해서 만폭동과 금강굴을 두 명이 다녀오는 데 가이드 두 명과 짐꾼 세 명이 필요했으며, '폭우와 노영을 위한 캠프와 침구며, 솥, 냄비 2일 양(量)과 의류 등 짐'을 준비했다.

가는 도중에 빈발암이 있는 탁기봉 중턱에 200여 척 높이의 직립한 천주석이 있다. "천주석은 단군굴에 올라서면 바로 정면으로 보이는데 그때 단군께옵서 굴에서 활을 쏘시면 그 화살은 10리허에 날라 저 바위를 맞추고, 여력으로 그 화살은 뒷걸음질을 치며 다시 단군께로 날아왔다. 그러기에 단군님께서는 화살 하나로 무예를 강습했다"는 전설을 기록하고 있다.

또 단군굴 가는 길이 대단히 험했다고 묘사하고 있다. "한 걸음마다 급해지고 한 자국마다 촉해지는데, 길이란 형용도 없다. …… 4, 5년 혹은 6, 7년생의 참나무, 전나무, 낙엽송들이 땅이 비옥한 대로, 쭉쭉 곧게 올라가서 하늘의 해를 덮었는데 여러 해를 두고 떨어지고 썩고 한, 잎사귀가 어제 오늘의 장마에 젖을 대로 젖어서 미끄럽기가 완연히 빙판이다.

흙이란 별로 구경을 할 수가 없고 나뭇잎 바다를 허우적거리고 발을 옮기는데, 한 자국을 올려놓으면 두 자국씩 미끄러질 지경이다. 그나 그뿐인가 풀이 길을 넘는가. 한창 자란 억새풀 사리 떼가 얼굴을 할퀴고 잔등을 벗기고, 팔을 물고 늘어진다."

가는 도중에는 가짜 단군굴이 있다는 사실도 기록하고 있다. 옛날 평안감사나 영변부사가 도임을 하면, 의례 체면치레로 단군굴을 근참하는데, 그 위험한 길을 승려를 동원해서 가마를 타고 행차를 했다. 위태로운 산길을 가마 메고 오르던 승려들이 견디다 못해 도중에 가까운 곳을 단군굴이라고 속여 배례를 시켰다고 하는데, 그 당시 감사 이름들을 새긴 글자가 뚜렷이 남아 있었다고 한다.

마지막 절벽을 타고 넘을 때는 "원숭이 모양으로 기어오르며, 활하기 빙판 같은 그 거대한 돌 몸에 파충류처럼 배를 깔고 달라붙었다. 이야말로 유진무퇴! 상승이 아니면 추락이 있을 뿐인데 발밑은 천인단애다. 생과 사의 관념이 번갈아 명멸하는 찰나, 무서운 원력이 회오리바람과 같이 전신을 뒤흔들며 수십 보를 줄달음으로 기다가 일어서니, 몸은 표표연 반공에 뜬 듯한데, 발은 광활. 신이한 일대 석굴의 최종단의 일부에 아실아실하게 놓여졌다"고 단군굴 등반의 위태로움을 기술했다.

단군굴은 대단히 넓게 묘사되어 있다. 그에 의하면 "높이는 네 길이 넘을 듯, 전면의 넓이는 50척, 깊이는 35척 가량이니 굉걸한 전각 한둘을 넉넉히 들여앉힐 만하다. 석질은 아름다운 화강석으로 녹색 백색 무늬가 각양각색의 선을 둘렀다." 굴 안에는 정면 남향으로 왼편 조금 작은 위패는 '남무환웅천왕지위'라 썼고, 중앙은 '남무단군천신지위'라 하였고, 오른편은 또다시 '남무환인천왕지위'라고 해서, 환웅·단군·환인의 순으로 세 분의 위패가 모셔져 있었다고 했다.

현재 북한의 단군굴 안에는 정면 3칸, 측면 1칸의 막걸이식 건물로 된 단군사당이 건립되어 있다.

대박산 단군묘

평양 인근의 강동군에 있는 대박산(大朴山) 아래에는 예로부터 단군릉이라 불리는 대총(大塚)이 전해져 왔다. 이에 관한 최초의 기록으로는 『고려사(高麗史)』 지리지에 강동현 '박달곶촌'이라는 마을에 단군릉으로 보이는 무덤이 있다는 내용이 있다. 조선 『신증동국여지승람』(1530년)에서는 강동군에

두 기의 큰 무덤이 있는데 강동군 서쪽 3리 대박산 아래에
있는 단군묘라고 전해지는 대총이 있고, 북쪽 30리 도마산
(刀ケ山) 아래에는 고황제묘(古皇帝墓)라고 하는 대총이 있다
고 기록되어 있다(권55). 『숙종실록』에서도 숙종왕이 단군묘
와 동명왕의 묘를 해마다 손질하라고 한 내용이 등장한다.
『승정원일기(承政院日記)』에는 이 대박산이 태백산이라고 기
록되어 있다.

　1489년(성종 20년, 기유년)에 남효온(南孝溫)(1454~1492)이
관서지방을 여행하며 쓴 「단군묘 알현」이라는 시가 전해져
온다.

단군이 우리를 낳으사 우리나라엔 사람이 많으니
檀君生我靑丘衆
패수에서 떳떳한 도리를 가르치셨네

敎我彛倫浿水邊

약초를 캐고 세상을 깨우친 지 만세가 되어도

採藥呵斯今萬世

지금도 사람들은 무진년을 기억하네

至今人記戊辰年

　남효온은 생육신 중의 한 사람으로 홍유손·정희량과 함께 김종직의 제자이며 동시에 김시습의 제자이기도 하다.

　이외에도 1929년에 김유동이 간행한 『조선각도읍지(朝鮮各道邑誌)』에 강동군에 2기의 대총(大塚)이 있는데, 강동군 서쪽 30리 대박산 아래에 있는 단군묘라고 전해지는 대총이 있어서 강동현의 보호를 받고 있고, 북쪽 30리 도마산(都馬山) 아래에는 고황묘(古皇墓)라고 하는 대총이 있다고 기재되어 있어, 『동국여지승람』의 기록을 확인해 주고 있다.

기타 민속

이외에도 민간에서 단군을 숭배하는 민속이 전해져 왔다. 민간에서도 강화도 마니산이나 태백산 천제단을 찾아가 단군을 제사하기도 했다. 『환단고기』를 보면 "단군왕검 51년 천왕은 운사에게 명하여 삼랑성을 혈구에 쌓고 마리산에 제천단을 쌓게 했고" 직접 천제를 지냈으며, 그 뒤에도 고려시대에 이르기까지 여러 차례 제천의례를 지냈음을 기록하고 있다. 천제단에 대해서는 오세(五世) 단군 구을(丘乙)이 "임술

원년에 명을 내려 태백산에 단을 쌓고 사자를 보내 제를 올리게 했다"는 기록이 있다. 비록 태백산이 여러 곳이 있어서 정확히 고증하기는 어려우나, 조선시대까지 태백산은 천제를 지낸 장소로 널리 알려져 있었다.

『삼국유사』에서 단군이 아사달의 산신이 되었다고 했던 바와 같이, 민간에서는 산신각 같은 곳에서 산신 숭배의 형태로 변형되기도 했다. 또 환인·환웅·단군이 전통시대 민간에서 삼신(三神)으로 변화하여 신앙되었다고도 한다.

그러나 특히 유교를 국시로 하는 조선시대에 단군은 유교의 공자(孔子)에 밀리고 동방을 교화했다는 은나라 기자에 밀려서 국조로서의 위상은 다소 위축되어 있었다. 조선왕조에서는 유교의 성현인 공자나 기자가 나라의 시조인 단군보다 더 중시되었다. 그것은 공자 제사를 대사(大祀)로 지낸 것에 비해 단군 제사를 중사(中祀)로 지낸 것에서 단적으로 드러난다.*

---

* 조선시대 기자와 단군과의 위상 문제에 대해서는 박미라, 「근대 유교의 단군국조론 연구」, 『한국사상과 문화』 28집, 2005 참조.

근·현대 시기 단군의 위상 변화

남한의 단군 사묘 건립 상황

조선이 패망하던 19세기 말에 들어서자 단군에 대한 인식이 새롭게 대두되기 시작하면서 단군 종교 운동이 일어났다. 단군을 믿는 신앙은 고대로부터 존재했으나, 근세 조선 말에 들어와서 종교의 형식을 갖추게 되었다.

내우외란으로 조선 사회가 붕괴되던 1890년경 평안도 맹산에서 김염백(金濂白, 1828~1896)이 단군의 계시를 사람들에게 전하면서 신교(神敎)를 창립한 것이 단군계 종교의 효시이다.

1904년에는 백봉(伯峰)을 중심으로 몇몇 인물들이 백두산에 모여 단군교(檀君敎)를 포명(佈明)하고, 1909년 8월 21일에는 이를 계승한 나철(羅喆), 정훈모(鄭薰謨, 1868~1943) 등이 한성 가회동에서 단군 위패를 모시고 단군교 중광(重光)을 선포함으로써 단군교가 공식적으로 등장하게 되었다.[*] 이 가회동 교당은 당시 나철의 자택에 임시로 설치한 교당이었다.

이와 같이 일부 선각자들에 의해 단군이 새롭게 인식되면서, 일제강점기에 민간에서 자생적으로 단군 사묘 건립이 본

---

[*] 대종교의 중광 선포일에 대해서는 1909년 1월설, 1910년 1월설 등 다른 설이 있다. 이에 대해서는 조준희, 「대종교 중광성지 동경(東京) 개평관(蓋平館)과 북촌(北村) 취운정(翠雲亭)에 대한 종교지리학적 고찰」, 『국학연구』 8, 2003 및 백정기, 「대종교 수행에 관한 연구」, 원광대학교 박사학위논문, 2016 참조.

격화되기 시작했다. 그 기폭제는 바로 1909년 단군교 중광이었고, 이를 계기로 일제강점기에 단군 숭배가 전국적으로 확산되었다.

1913년에는 계룡산 신도안에서 이진탁(李鎭鐸, 1859~1930)이 자택에 단군 영정을 모시고 단군전(檀君殿)을 세웠다. 이 뒤로 일제강점기 동안 곡성·대전·시흥·서산·증평·부여 등지에서 단군전이나 천진전 등의 이름으로 단군 사묘가 계속 건립되었다.

일제강점기에 규모를 갖춘 단군 사묘로는 안순환(1871~1942)이 1930년 시흥에 건립한 단성전(檀聖殿)을 들 수 있다. 안순환은 사재를 출연하여 세운 녹동서원 안에 정훈모가 이끌던 단군교의 교당을 겸한 단군 사묘를 건립하고 정훈모가 구월산 바위 속에서 발견했다는 단군 소상(塑像)을 봉안했다. 그리고 단성전을 항구적으로 유지하기 위한 단성전봉찬회(檀聖殿奉贊會)를 발족했으나, 일제가 유사종교금지령을 내리면서 1936년 7월 단성전 운영이 중지되고 말았다.

광복 이후에도 밀양·익산·공주·서산 등 전국적으로 지역의 유지들이 사비를 출연하여 단군전을 건립하여 국조에 대한 제사를 모신 경우가 많았다. 광복 이후 건립한 단군 사묘 중에서 가장 대표적인 경우는 서울 종로구 사직공원에 있는 현정회의 단군성전이다. 이는 이숙봉(李淑峰) 여사의 주도로 건립했으나 1968년 서울시에 기부함으로써 서울시 소유가 되었다. 현재에는 사단법인 현정회가 종로구로부터 위탁받아

관리하고 있으며, 지자체의 지원을 받아 개천절과 어천절 제
향을 공식행사로 거행하고 있다. 또한 단군 표준영정을 봉안
하고 있다.

21세기가 시작된 2000년 이후에도 전국 각지에서 단군전
을 건립한 경우가 많이 있다. 2000년 10월 3일 개천절에 정
읍 단군성전이 건립된 것을 비롯해서, 2001년 개천절에는
공주에서 단군성전이 건립되었고, 2006년에는 영동 국조전
및 금산 참나도원이 건립되었으며, 2008년은 동해에서,
2011년은 영암에서 단군성전이 건립되었다. 이 외에도 청도
와 울주 등지에도 단군을 모신 사묘가 건립되었다.

남한에는 현재 서울, 남원, 대전, 논산, 광주, 남해, 밀양, 대
구, 칠곡, 동해, 태백 등 전국에 단군 사묘가 존재하고 있다.
이에 관해 이강오는 1960년부터 1970년도까지 전국 단군
사묘 32개소를 소개했으나, 지금은 절반 정도가 사라져서
18개소 정도가 남아 있고, 또한 1970년대 이후 새로 시설된
곳이 40여개소에 이르러서 현재 규모를 갖춘 정식의 단군
사묘는 전국적으로 50여 곳으로 파악되고 있다.

북한에는 남한처럼 단군 사묘가 많이 건립되지는 않았으
나, 조선시대의 유적이 남아 있으며, 현재 평양의 숭령전이
북한 국보 문화유물 제6호로 지정되어 있다. 특히 북한에서
는 1993년 평양시 강동군에 있던 단군릉을 발굴하였는데,
유골과 더불어 금동관 장식과 토기 조각 등의 부장품이 나오
자, 고조선을 건국한 단군의 유해로 확인되었다고 하면서

1994년 단군릉을 성역화하기도 했다.

반면 남한에 국보나 보물로 지정한 단군 사묘는 없다. 그 이유는 단군신앙이 본래 구월산과 묘향산 등의 북한 지역에서 발생했던 관계로, 숭령전과 삼성사 등 대표적인 단군 사묘는 북한에 존재하고 있고, 남한 지역의 단군 사묘는 대개 근대 이후에 건립되었기 때문이다. 그래서 역사 유물이나 고적으로서의 성립 요건을 갖추지 못한 것이다. 남한에서 국가의 관리를 받는 단군 사묘로는 곡성 단군성전(등록문화재 제228호)이 유일하고, 유적지로는 강화도 마니산 참성단이 사적 제136호, 태백산 천제단이 중요민속자료 제228호로 지정되어 있다. 기타 문화재청의 등록문화재나 지자체의 향토유적으로 지정된 경우도* 있다.

이외에도 개인적 존숭이나 신앙 차원에서 단군을 모신 경우도 상당히 많이 있으나, 정확한 통계는 파악되지 않고 있다. 그런데 개인적으로 단군을 모신 별도의 전각을 마련하는 경우도 있지만, 무속의 경우 대개 하나의 신당에 여러 신불(神佛)이나 다른 신장들과 같이 모시고 있어서 정식 단군 사묘로 보기는 어렵다.

---

*   1948년 건립된 충청북도 증평 단군전은 증평군 향토유적 제1호이다. 1949년에 건립된 충청남도 부여 천조궁은 부여군 향토유적 제43호이고, 여기에 모신 단군 영정은 충청남도 문화재자료 제369호이다. 1953년 건립된 경상남도 밀양 천진궁은 1974년 경상남도 지방 유형문화재 제17호로 지정되었다. 1957년 건립된 전라남도 해남 단군전은 현재 해남군 향토유적 제12호로 지정되어 있다.

단군 숭봉 단체 현황

단군을 숭봉하는 단체는 크게 종교단체와 민간사회단체로 나눠 볼 수 있고, 단군을 학문적으로 연구하는 학술단체도 있다. 종교단체는 민족종교 계열과 기성종교 계열로 다시 나눠 볼 수 있다. 대부분의 경우 일제강점기 이후 새롭게 창교된 민족종교에 속하지만, 유교·불교 등의 기성종교에서 단군을 숭배하는 경우도 있다. 또 단군계 교단의 경우도 단군을 최고신격으로 삼는 종교도 있고, 여러 신격 중의 하나로 삼는 종교도 있다.

이강오는 1990년대까지 국내 민족종교의 단군계 교단에 대한 계열과 계파들을 조사 분류한 바 있다. 그는 단군계 교단을 단군만 숭배하는 단일신앙 계열, 다른 신격들과 같이 숭배하는 조합신앙 계열, 그리고 다른 종교에서의 단군 숭배를 수용하는 비단군계 단군신앙의 3종류로 나누었다. 1980년대까지 존재하던 단군 단일신앙 교단으로는 1909년 나철에 의해 중광된 대종교가 있고, 단군교의 시교사(施敎師)로 있던 박수하가 창립한 단군영모계(檀君永慕契)가 있다고 했다.

다음으로 조합신앙 계열로는 평안북도 후창 출신 정효순(鄭驍橔)이 세운 단군천조광명도덕보본회(檀君天祖光明道德報本會)가 있고, 1954년 김재경(金在景)이 정도교(正道敎)에서 나와 세운 불아신궁(㐅亞神宮), 계월주(桂月主)가 1960년대에 세운 선불유야각(仙佛儒耶覺), 1965년 김구연(金龜淵)이 세운

무법대(戊法臺), 강길룡(姜吉龍)이 광복 후에 세운 단군성조수
도원(檀君聖祖修道院) 등이 있다고 한다.

비단군 계열의 단군신앙 단체로는 수운계와 증산계 등 여
러 종단이 통합한 동도교(東道敎), 증산교파인 증산선불교(甑
山仙佛敎)·삼덕교(三德敎)·증산대도회(甑山大道會)·보화교(普化
敎), 동학 계열인 수운교(水雲敎)가 이에 속한다. 그리고 불교
계에서는 계룡산 신도안의 법정사(法正寺)와 법룡사(法龍寺)
그리고 충남 연산의 개태사(開泰寺) 및 서울 남산의 와룡암
(臥龍庵)이 있고, 봉남 계열로서 용화삼덕도(龍華三德道)가 있
으며, 일관도 계열로서는 대한도덕회(大韓道德會)와 국제도덕
협회(國際道德協會)와 도덕회(道德會)를 들었다. 그리고 계룡산
신도안에 있던 '하나님의 집 공회'같은 기독교 계열에서는
단군을 선천시대의 지도자, 미륵을 후천시대의 지도자라고
하면서 단군을 숭배하는 경우도 있다고 했다.

그러나 이강오의 조사 이후에 종교계에는 많은 변화가 발
생했다. 교세가 약화되어 유명무실한 종교단체들도 생겨났
고, 새로 창교한 경우도 나타났다. 1996년에 나온 『한국신종
교 조사연구 보고서』(한국종교연구회, 1996)에는 단군계 교단
으로 1958년 정백련화가 세운 경룡암, 1975년 김해경이 세
운 단군교, 1978년 신정일이 세운 한얼교, 1981년 정봉화가
세운 단군교종무청, 1984년 박종간이 세운 단군마니숭조회,
1981년 김희우가 세운 단군조선중천교, 1985년 박계림이
세운 개천교, 1989년 이선동이 세운 환중교 등이 새로 소개

되어 있다. 현재 단군을 신앙하는 교단 중에서는 대종교·한얼교와 함께 최근 1994년 창교한 선불교(仙佛敎, 2016년 仙敎로 개명) 등이 전국적인 규모를 갖춘 단군 단일신앙 계열 교단이라 할 수 있다.

최근의 한 인터넷 사전에 의하면 단군을 신앙대상으로 삼는 종교단체로 "대종교를 비롯하여 단군마니숭조회(박종간)·단군교(김해경)·단군교종무청(정봉화)·개천교(박계점)·단군성조수도원(강길룡)·한얼교(신정일) 등의 9개 단군단일신앙 단체와 9개 복합신앙 단체가 있다.

또 동도교(이찬영)·수운교(윤원선) 등 동학계와 보화교·삼덕교·증산선불교·증산대도회·단군성주교 등 증산계, 삼신교(서상태)·천화불교·대한불교용화종(김호연)·불문불입종·대한불교미륵종 등의 불교계, 그리고 각세도계·봉남계·일관도계·그리스도교계 신흥종교들이 단군신앙을 곁들이고 있다"고 했다.[*] 그런데 단군을 신앙하는 것과 숭봉하는 것은 구별할 필요가 있다. 가령 수운교의 경우 단군위패를 모시고 숭봉하고 있지만, 신앙대상은 아니기 때문이다.

민족종교 계열의 단군숭봉 교단 외에도 불교나 유교의 기성종교에서 단군을 숭봉하는 경우도 있다. 불교계에서는 대한불교미륵종·용화종·천화불교·삼선교·법화종 등이 이에 속한다. 유교계에서는 전남 진도와 전북 군산의 향교에서처럼

* 다음백과 '단군숭봉단체'(2017. 12. 30). http://100.daum.net/encyclopedia/view/b04d1971a

별도의 부속 건물로 단군성전을 건립해서 제향하는 경우도 있고, 고창에서처럼 지역의 유림들이 성금을 모아 단군전을 건립하고, 유림 주관으로 제향하면서 숭봉하는 경우도 있다.

단군을 숭봉하는 민간사회단체에 대해 조사한 것으로, 『한국신종교 조사연구 보고서』(한국종교연구회, 1996)가 있다. 1958년 이담이 세운 단군숭영회, 1962년 조영완이 설립한 단군숭모회, 1964년 이창규가 설립한 대한종단연합회, 1964년 이춘상이 설립한 단군정수회, 1963년 김연이 설립한 신단정도회, 1966년 김팔봉이 설립한 4300년기념사업회, 1968년 이희승을 대표로 하는 현정회, 1967년 박재두가 설립한 통일제단, 1967년 김백룡이 설립한 청심등대원방각수도탑, 1981년 윤철상이 설립한 단군숭조회, 1990년 백공이 설립한 배달민족학당, 1986년 김수영이 설립한 국조단군성전건립추진위, 1983년 김학근이 설립한 개천경조회, 1991년 신철균이 설립한 배달민족회가 소개되어 있다. 그리고 창립 연도가 없는 단체로 한찬의 단군정신선양회, 권태익의 태백산단군국조봉사회, 송호수의 개천민족회 등도 있다.

최근의 한 사전에는 단군 숭봉 사회단체로 현정회(이희승)를 비롯하여 단군봉안회(신기훈)·숭조회(윤철상)·일심일회(김선적)·배달문화선양회(박준용)·배달민족회(김주호) 등이 있다고 했다(다음백과 '단군숭봉단체').

단군 관련 학술대회를 개최하고 학술지나 연구총서를 발간함으로써 단군을 학문적으로 연구하거나 지원하는 사단법인 단체들도 있다. 이러한 학술단체로는 최근의 한 사전에는 단군 관련 "학술단체로 한배달(설립자 이태형)·배달문화원(김종갑)·배달연구원(송원홍)·개천학회(송호수)·한사상연구회(고신정일)·국사찾기협의회(고 안호상)·대종문화연구소(구인식)·한얼사상연구소(최민홍) 등 13개 단체가 있다"고 했는데(다음백과 '단군숭봉단체'), 현재 단군학회, (사)한배달, (사)국학연구소, (사)겨레얼살리기국민운동본부 등이 학술지 및 연구총서를 발간하거나 초청 강연회 등을 개최하면서 학술 연구를 활발히 전개하고 있다.

이외에도 지역의 유지들이 순수하게 단군 숭봉의 뜻을 모아서 단군전을 세우고 원방각 탑 등을 세워서 개천절, 어천절 등을 제사하거나 신앙하는 경우도 있다. 이런 경우 개인적으로 혹은 친분이 있는 지역 유지들의 추렴에 의해서 제사비용을 마련하지만, 간혹 지방자치제 등으로부터 지원을 받는 경우도 있다.

단군 영정의 등장과 표준영정의 제정

문헌상 최초의 단군 영정 기록은 『환단고기』에 보인다. "아갑(阿甲) 임금이 고유선(高維先)을 보내 환웅과 치우와 단군왕검 세 할아버지의 상을 반포해서 관가에 받들게 했다"는 내용이다.[*] 「번한세가」 57대 아갑 임금이 단군의 상을 처음으

<hr>

[*] 『환단고기』, 「태백일사」, "番韓世家 下, 子阿甲立. 庚午 天王 遣使高維先 頒桓雄蚩尤檀君王儉三祖之像 以奉官家"

로 그렸다는 것이다. 이와 비슷한 내용이 『단기고사』에도 '기자조선 제26대 아갑 임금 때 고유선이 단군의 화상(畵像)과 단군실기(檀君實記)를 임금님께 드리다'라고 기재되어 있기는 하지만, 더 이상 자세한 내용을 확인할 수는 없다.

『동사유고(東事類考)』에서는 신라 진흥왕 때 솔거(率居)라는 화가가 꿈에 나타난 신인단군(神人檀君)을 그린 단군어진(檀君御眞)이 유명했다고 하면서, 고려 때 학자 이규보(李奎報)는 '고개 밖 집집마다 신령스런 할아버지(神祖) 상을 모셨으니, 당년에 절반은 명공의 작품이었네(嶺外家家神祖像 當年半是出名工)'라고 하여 집집마다 단군천진을 모셨다고 전하고 있다.

이 솔거가 그린 그림은 전해지지는 않는다. 하지만 솔거가 그린 영정이 대한제국 말년에 대종교를 통해 다시 전해졌다고 한다. 대종교총본사에서 발행된 『대종교요감』에 보면 솔거본 단군 영정을 전수받게 된 내력에 대해 기록하고 있다. 이 내용은 백남규(1891~1956)가 증언한 것으로, 1910년 강원도의 도인이 나철을 찾아와 단군 영정을 전해주었는데, 이를 지운영(1852~1935)* 화백이 모사하여 봉안했다고 한다.**

---

* 조선 말기 및 근대 초기의 문인화가. 초명은 운영(運永). 호는 설봉(雪峰) 또는 백련(白蓮). 종두법 시행의 선구자인 지석영(池錫永)의 형이다. 김정희(金正喜)의 제자로 여항문인(閭巷文人)이었던 강위(姜瑋)의 문하에서 시문 등을 배웠다. 갑신정변 후에 김옥균(金玉均)을 암살하려다가 유배당하였다. 뒤에 시와 그림에 몰두하게 되었다. 광복 후 대종교 표준 영정을 그린 지성채(池盛彩)가 아들이다.

** 조준희 단군 영정, 21~22쪽 인용.

대교의 중광 다음해인 개천 4367년(서기 1910) 3월 15일 어천절 자시(子時) 초쯤에 강원도 명주군 석병산에서 왔다고 하는 노인이 홍암대종사를 찾아왔다. 성명은 고상식(高上植) 공공진인(空空眞人)이라고 부르며, 자신의 천수(天壽)는 99세 인데 천진을 전해 받을 사람이 나오지 않아 4년을 더 살아서 103세가 되었다고 하며 "내 집에서 대대로 모셔온 천진이요. 이 초상화는 신라의 명공 솔거가 그려서 오늘까지 전해 온 유일본이니 잘 모시도록 하시오"라고 만류를 뿌리치고 밤중에 나갔다. 그러나 대종사는 진상을 몰라 모시지 않고 있었으나 꿈에 나를 모시라는 한배검의 현몽을 받고는 유명한 화백 지백련에게 모사하게 해서 1910년 8월 21일 봉안하였다.*

위를 보면 1910년 3월 나철에게 강원도 명주군 석병산에 살고 있다는 고상식이란 노인이 찾아와 전해준 단군 영정이 바로 솔거의 진본 영정이라고 한다. 이 영정이 나중에 백련 지운영에 의해 모사되어 대종교총본사에 봉안되었고, 이것이 광복 후 국회 동의를 받아 국조성상으로 승인받는 저본이 되었다.**

여기에서는 솔거가 그렸다는 단군 영정이 1910년 강원도에 거주하는 노인을 통해서 전해졌다고 기록하고 있는데, 이

---

* 　대종교총본사, 『대종교요감』, 개천 4444(1987), 2쪽.

** 　대종교총본사, 『대종교요감』, 2쪽 참조. 현재의 표준영정은 지운영이 모사한 것이 아니고, 광복 후 지운영의 아들 지성채에 의해 다시 모사된 것이다.

지운영 모사 대종교
천진, 1910년.

는 솔거로부터 대략 1300여 년이 된다. 진본을 아주 잘 보관
한다면 불가능한 것은 아니지만, 일반적인 경우로 생각해 본
다면 진본이 그대로 전해지기는 어렵고 모사본이 만들어져
서 전한 것이 아닐까 추측해 본다. 다시 말해 위 인용문에서
는 솔거의 유일한 진본이라고 하고 있는데, 필자의 추정으로

는 대종교에서도 이 솔거본을 받아 바로 모사하게 했듯이 솔거의 원본을 여러 차례에 걸쳐 임모한 사본을 통해 솔거의 영정이 전해졌다는 의미로 해석하는 것이 합리적일 것이라고 본다.

그런데 단군 영정이 전해지게 된 내력에는 또 다른 설이 있다. 즉 1908년 12월 31일 일본 동경에서 두일백(杜一白, 호 彌島)이 나철과 정훈모를 찾아와 전해주었다는 설이다. 이는 『대종교중광육십년사』에 보인다. 1908년 12월 5일(음력 11월 12일) 오전, 백봉의 제자 가운데 한 사람인 두일백이 대일외교 차 일본 동경에 머무르고 있던 나인영(훗날 羅喆로 개명)의 숙소 세이코칸(淸光館)을 찾아와 『단군교포명서』를 전해주면서, 백두산에서 있었던 『단군교포명서』 발행에 관한 내용을 알려주었다.[*] 20여 일 뒤 12월 31일(음력 12월 9일) 두일백이 새 거처인 가이헤이칸(蓋平館)에 다시 찾아와서 단군교의 유래와 백봉에 대해 설명하고, '단군 영정'을 비롯하여 『성경팔리』, 『삼일신고』의 경전류와 예식에 관한 「고본신가집」, 「봉교과규」, 「입교의절」, 「봉교절차」의 서책 및 「단군 영정」을 전했다는 것이다. 그는 이들을 주면서 오로지 단군교를 전하고자 왔으니 즉시 본국으로 돌아가 단군교를 다시 일으켜 동포를 구하라고 명하였다. 이때 나철과 정훈모는 두일백에게 같이 영계(靈戒)를 받았고, 다음날 새벽 정훈모가 먼저 영정

---

[*] 대종교총본사, 『대종교중광육십년사(大倧敎重光六十年史)』, 1971, 93쪽.

을 가지고 귀국했다고 한다.[*]

아무튼 이 단군 영정은 한일합병 전날 1910년 8월 21일 서울에 처음 봉안하였고, 1911년에는 교인들을 위해 사진으로 인출하여 나누어 주었다. 당시 봉안된 영정은 궁중화가 김 모 씨가 모사한 것이라고 전해오는데, 단군 영정을 연구한 조준희는 김 모 씨가 바로 김은호(1892~1979) 화백이라고 추정한다.[**]

아무튼 이 두 가지 설을 살펴보면 몇 가지 점이 다르다. 첫째 영정을 전달한 사람이 다르다. 전자는 고상식이고 후자는 두일백이다. 둘째 시기와 장소가 다르다. 전자는 1910년 3월 서울이고 후자는 1908년 12월 일본 동경이다. 셋째 모사자가 다르다. 전자는 지운영이고 후자는 화원화가이다. 그리고 전달받은 사람이 다르다. 전자에서는 나철이 받은 것으로 되어 있으나, 후자의 경우에는 정훈모와 나철이 같이 받아서 정훈모가 영정을 모시고 귀국했다고 한다.[***]

1908년이든 1910년이든 전해 받은 원본에 대한 행방은 알려져 있지 않다. 또 원본을 임모해서 봉안한 영정도 한동안 분실된 것으로 알고 있었으나, 근자에 들어와서 대종교총본사가 만주로 이주할 때에 강우(姜虞, 1862~1931)가[****] 부여의

[*]   조준희, 「단군 영정」, 『알소리』 5호, 한뿌리, 2007, 20쪽에서 재인용.
[**]   조준희, 「단군 영정」, 22쪽 참조.
[***]   임채우, 단군영정의 기원과 전수문제, 『선도문화』 11권, 2011, 20-23쪽 인용.
[****]   『동아일보』, 1931년 4월 2일자, '大倧教巨頭 姜虞氏別世' 참조.

1883년 명판본 단군 영정(광서 9년인 1883년 봉안)

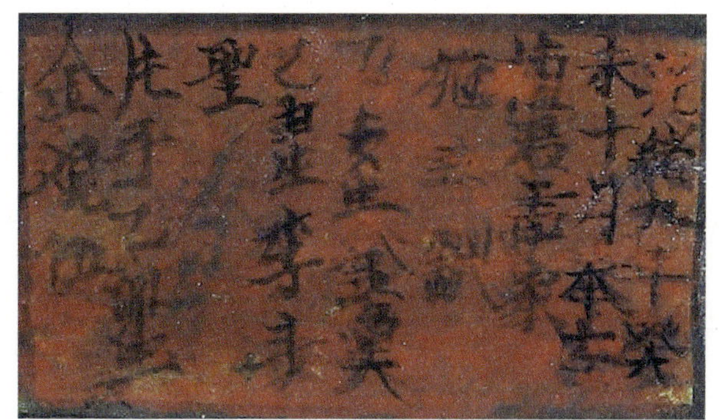

자택에 보관해 두었음이 밝혀졌고, 현재 부여박물관에 위탁 보관되어 있다. 이는 여러 정황상 1910년 백련 지운영이 임모해서 그린 것으로 추정되며[*] 이 영정이 가장 오래된 단군 영정으로 알려져 있었다.

그러나 이번의 조사를 통해 한 소장가가 1883년에 봉안되어 단군 영정을 소장하고 있음을 확인했다. 이 영정 우측 하단에 '광서(光緒) 9년 계미(癸未)'(1883년)에 봉안되었다는 화기(畵記)가 있는데, 19세기 북한 지역의 단군 사묘 등에 전수되었던 영정으로 추정되며, 장년의 모습과 색동치마 등 지금까지 볼 수 없었던 양식은 담고 있어서, 민간에서 전수되던 단군 영정의 원형일 가능성이 있다. 이 영정에 보이는 인물의 자세 등 전체적인 구도와 복장·의자 등의 양식은 대종교 영정에 영향을 주었음을 알 수 있으나, 대종교본의 직접 저본이었는지는 확인할 수 없다.

[*] 임채우, 「단군영정의 기원과 전수문제」, 28-29쪽 참조.

구체적으로 관찰해 보면 복식 등에서 보이는 고풍스런 양식은 대종교본과는 상당한 차이가 보이며, 오히려 고구려나 백제의 양식과도 유사성을 보이고 있어서 예로부터 전해지던 단군상의 원형으로 추정된다.

아무튼 1910년 대종교에서 다시 영정을 봉안하면서 영정 사진을 발행하는 등 적극적인 홍보로 인해, 대종교본 영정이 우리 사회에 널리 퍼지게 되었다. 다만 영정 보관 과정에서 혼선이 빚어지면서 광복 후 대종교 영정이 다시 제작되었고, 새 영정이 표준영정으로 지정받게 되었다.

현재 우리나라에서 보급되어 있는 단군의 모습은 표준영정만 하더라도 크게 3가지의 형태로 나눌 수 있다. 하나는 대종교 소장 표준영정으로, 1946년 지성채 화백에 의해 그려져서 1949년도에 정부 표준영정으로 지정되었다. 어깨와 허리에 나뭇잎이 걸쳐진 엄숙한 모습의 영정으로, 이 나뭇잎에 대해 어떤 이는 박달나무 잎이라고 하기도 하고 나라꽃인 무궁화 잎이라고 주장하는 이도 있다. 또 혹자는 『삼국유사』에서 호랑이와 곰이 마늘과 쑥을 먹고 3·7일을 견디어 낸 이야기도 있듯이, 어깨에는 마늘 잎, 허리에는 쑥의 잎이라고도 한다.[*]

또 다른 표준영정은 1977년 현정회에서 화가 홍숙호(예명 홍석창)에게 의뢰하여 제작한 영정이다. 이는 대종교 영정이

---

[*] 강화군, 『단군문헌』, 222쪽 참조.

엄숙하면서 고전적인 느낌을 주는 데 비해, 현대감각에 맞춰 그려진 것으로, 문화재 전문위원회(영정분과)의 3차에 걸친 수정과 심의를 받았다. 이를 대종교 영정과 비교해 볼 때 가장 큰 특징으로 나뭇잎과 나무의자가 없으며, 편안하고 친근한 느낌을 준다. 정부에서는 1977년 현정회 영정도 표준영정으로 제정했다. 정부에서는 중복된 표준영정에 대해 전자는 신앙의 대상이고 후자는 경모의 대상이라는 이유를 제시했다.

또 하나는 북한에서 1994년 무렵에 제작한 영정이다. 단군릉에서 발굴된 유골의 형태와 부장품을 고증으로 하여 그린 것이라고 북한에서는 설명하고 있는데, 기골이 장대하고 우람한 모습으로 그려져 있다. 나뭇잎 장식이 없는 대신에 허리에 비파형 동검을 차고 호피를 깔고 앉아 있는 것이 특징이다.

북한 영정은 남한의 영정을 참고해서 비파형 동검 등의 기물을 배치해서 청동기시대의 군장으로 형상화한 것이다. 남북교류가 확대되던 1990년대 후반부터 우리 사회에 북한 영정이 많이 유포되어 있으며, 이 북한 영정을 우리의 전통 영정으로 잘못 알고 혼동하는 경우도 점점 늘어나고 있다. 그래서 현재 남한의 단군 사묘를 비롯한 관련 단체에서는 북한에서 제작한 단군 영정을 전통시대의 영정으로 알고 모시고 있는 경우도 있다.

이와 같이 표준영정도 한 가지가 아닐 뿐 아니라, 각 사묘마다 단군 영정의 형태와 모습이 각기 다른 경우가 많다. 특히 단군 사묘에서 영정은 가장 핵심적인 유물이라고 할 수 있다. 현재 우리나라의 단군 사묘에서는 대종교 표준영정을 모시기도 하고, 또 현정회 표준영정을 모시기도 하며, 독자적인 단군 영정을 모시기도 한다. 특히 최근에는 북한 표준영정을 모시고 있는 경우도 점차 늘어나고 있다.

그리고 실제 단군 사묘를 답사해 보면, 영정이 분실되었거나 분실의 위험을 예방하기 위해 원본을 별도 보관하고, 사묘에는 사진으로 대체한 경우도 많이 있다. 또한 각 사묘마다 보관되어 있는 영정에 대해서 그 화가나 제작 시기, 경위 등에 대해서 알지 못하거나 잘못 알고 있는 경우도 있어서, 앞으로 체계적이고도 종합적인 관리가 절실한 실정이다. 특히 우리나라의 2종의 표준영정에 더해 북한의 영정이 수입되어서 혼돈이 가중되고 있는 형편이다. 이제 조선시대 민간에서 모셔지던 가장 오래된 영정이 발굴된 것을 계기로, 앞으로 표준영정을 비롯한 관련 유적과 유물을 분명하게 조사하고 체계적으로 분류해서 정리해 둘 필요가 있다.

단군 인식의 변화와 철거된 단군 사묘

근현대 시기, 조선의 패망과 일제의 강점 그리고 한국전쟁이라는 민족의 위기 속에서 민족의 구심점이자 상징이었던 단군의 위상이 최근에는 점차 퇴색되어 가고 있을 뿐 아니라,

점점 시간이 흐를수록 단군 사묘가 철거되거나 관리 소홀로 인해 관련 유물이나 자료 등이 점차 유실되기도 하는 실정이다. 그 대표적인 예가 일제강점 초기에 설립된 작산 단군전과, 정훈모의 단군교 본산이었던 시흥 단성전(檀聖殿)의 철거이다.

작산 단군전은 이진탁(李進鐸)이 1913년에 세운 최초의 지방 단군 사묘이다. 단군교계(檀君敎系) 사묘로는 가장 초기에 세워진 것으로, 일제는 단군전을 건립한 이진탁을 민족의식 유포 혐의로 3개월 동안 투옥하기도 하였다. 광복 후에도 교인들과 지역 주민들이 단군영모계(檀君永慕契)를 설립하여 어

작산 단군전의 모습
(계룡시청 제공)

천절과 개천절에 제향을 계속해 오다가 1976년경 새마을운동의 일환으로 저수지가 조성되면서 철거되었다.

나철과 더불어 단군 운동을 이끌었던 정훈모의 시흥 단성전은 1930년 개천절에 건립되어, 일제강점기 국내에서 단군종교 운동을 이끌었던 대표적인 단군 사묘이다. 하지만 민족의식을 고취하고 독립운동을 지원하던 민족종교에 대해 호시탐탐 기회를 노리고 있던, 일제는 일부 종교계의 물의를 빌미로 1936년 7월 유사종교금지령을 내렸고 단성전도 문을 닫고 말았다.

단성전은 광복 후에 다시 제향을 모셨는데, 1948년에 중수되었다가, 한국전쟁 때에 폐허가 되고 말았다. 1961년에 시흥군수와 지역 주민의 노력으로 복구되었으나 서울 외곽지역의 개발붐이 일어나면서 1981년 건물 자체가 모두 헐리고 일대가 연립주택으로 개발되어 버렸다.* 이로 인해 모든 건축물과 부대시설은 흔적 없이 사라지고 현재는 표지석만 남아 있는 실정이다.

최근에도 여전히 단군 사묘가 건립되기도 하지만, 이렇게 기존의 사묘가 철거되거나 방치되는 이유는 경제개발이란 명분도 있지만, 광복 후 국조에 대한 존숭의식이 점차 약화되었기 때문이다. 특히 1960년대 이후부터는 국조숭배가 종교의 자유를 침해한다는 논쟁에 휩싸인 경우가 많았다. 대표

---

* 조준희, 「단재 정훈모의 생애와 사상」, 『단재 정훈모 전집 출판기념회 및 학술강연회 발표 자료집』, 단재정훈모기념사업회, 2015. 6. 5., 31-32쪽.

시흥 단성전 배치도
(출처_『단군교부흥
경략』)

적인 사례가 정부의 단군성전 건립 계획이 취소된 경우이다. 1966년 1월 정부에서 서울 남산에 단군성상을 세우는 계획을 발표한 적이 있었으나 특정 종교에서 우상숭배라고 반대하면서 무산되었다.

식민과 전쟁의 상흔을 딛고 경제개발을 통해 중진국의 대열에 들어선 1980년대 이후에는 단군에 대한 인식이 더 크게 변했다. 1985년 2월 서울시에서 자라나는 세대에게 민족혼을 일깨워 준다는 목적으로 서울 사직공원에 있는 단군 신전을 확충하기로 결정하였으나 일부 종교계의 강한 항의에 부딪쳐 백지화되었다. 1987년도에는 식민사관 극복 차원에서 국사 교과서에 단군 부분을 기술해야 한다는 의견이 제기

되자, 단군은 신화일 뿐 역사가 아니므로 국사 교과서에 실어서는 안 된다는 논쟁이 치열하게 전개되었다. 1999년에는 한 시민운동단체에서 설치한 단군상에 대해 일부 종교인들이 강력하게 반발하면서 단군상을 훼손함으로써 커다란 사회문제로 대두되기도 했다.

　현재 우리 사회에는 국조숭배 문제를 두고 이렇게 상반된 두 시각이 존재하면서 갈등을 일으키고 있다. 종교로서의 단군신앙을 강요할 수 없다는 주장은 옳다. 그러나 국조로서의 단군을 반대하거나 숭배하는 것을 문제 삼을 필요는 없다. 단군이 개국한 개천절을 온 국민이 나라의 경축절로 기리듯, 특정 종교나 종파의 시각을 초월해서 우리 민족의 주체성과 유구한 역사의 상징으로서 접근할 필요가 있다.

3

단체 소장 영정

여기에서는 본 조사팀이 직접 답사해서 촬영한, 현재 종교단체 및 민간단체 박물관 등에서 소장 중인 단군 영정 등 52점(종교단체와 사회 민간단체의 단군상 사진은 윤한주 촬영), 그리고 또 다른 개인 소장 70여 점 등 모두 120여 점의 정식 영정·초상 및 상을 수록했다.

단군 사묘 중에 영정 대신에 위패로 모신 곳도 있고, 또 대종교본 표준영정이나 현정회본 표준영정을 사진으로 모신 곳도 있었는데, 이렇게 동일한 영정의 경우는 중복을 피하기 위해 도판 사진을 생략했다. 또 일본 가고야마의 옥산궁에는 단군 영정이 없고 신체(神體)가 바위로 되어 있는데 촬영 자체가 불가능하다. 대신 인근에 있는 히꼬산신궁에 모셔져 있는 후지와라고유(藤原恒雄)상을 단군의 상으로 보기도 하므로, 본 연구팀이 직접 답사 촬영해서 사진을 추가했고, 직접 촬영은 하지 못했지만 평양 단군릉의 단군상 사진도 추가했다.

그리고 저서의 삽화나 포스터, 엽서, 사진첩 등의 인쇄물에 실린 도판과 아동화에서도 다수의 단군 초상을 발췌해서 수록했다. 그래서 대한제국 말기『신궁지』,『초등대한역사』 등의 본문이나 속표지에 들어 있는 삽화 및 기타 인쇄물 등에 실렸던 단군 도판 22점을 같이 수록했고, 책의 말미에는 만화와 아동용 그림동화에서 그려진 단군상과 함께, 초등학생들이 개천절을 기념하며 그린 아동화를 41점을 수록함으로써 80여 점의 단군상을 더할 수 있었다. 그래서 전체적으로 총 200여 점이 넘는 단군 영정·초상 및 소조상을 수록했다.

전북 익산 단군성묘의 경우에는 원본 영정 촬영을 허용하지 않았으나 동일한 양식의 개인 소장 영정이 있어서 소장가의 적극적 협조로 도판을 실었으니, 이 도판자료를 참고하면 된다. 간혹 단군 사묘나 관련 단체 중에서 조사 자체를 원하지 않아서 소장된 영정을 촬영하지 못한 경우도 있으나,* 이 책에 실린 영정과 초상 및 조소상을 보면 현존하고 있는 단군의 이미지를 거의 망라하고 있다고 할 수 있다.

특히 이들 도판들을 수록할 때는 중복되거나 같은 사진은 게재하지 않는 것을 원칙으로 했기 때문에, 비슷한 모양은 있을 수 있으나 모두가 독자적인 상이다. 이로써 미래에 이 시대의 역사자료로 남겨 두는 동시에 앞으로의 연구나 컨텐츠 개발 등에 도움이 되도록 했다.

영정은 대략 제작 연대나 봉안 연대를 기준으로 삼아 오래된 것을 앞쪽에 순서대로 배열하였다. 다만 같은 사묘에 봉안된 영정은 시대가 다르더라도 나란히 실었다.

---

* 서울 남산 와룡묘 단군성전, 강원도 평창 삼신신앙 대본사, 경남 남해 단군성전 등의 경우가 이에 속한다. 이외에도 『단군문헌』에 실린 18점을 비롯해서, 전국적으로 개인 소장의 단군 영정이 상당수 더 있을 것으로 추정된다.

❶ 사회·민간단체 및 박물관

(영정의 배치 순서는 제작 혹은 봉안한 연대를 기준으로
빠른 차례대로 하였다.)

서산 와우리 단군전 단군 영정

부여 장하리 천진전 천진

곡성 단군성전 단군 영정

밀양 천진궁 단군 영정

함양경로당 단군 영정

무주 신불사 대천궁 단군상

해남 단군전 단군 영정

서울 현정회 단군상

서울 현정회 단군 영정

태백 단군성전 단군 영정

대전 단묘 단군 영정

대전 단묘 단군상

대전 단묘 삼신석상

서산 옥녀봉 단군전 영정

칠곡 국조전 단군 영정

대구 수성구 단군성전 청동상

여주 목아박물관 단군목조상1

여주 목아박물관 단군목조상2

가평 단군정신선양회 단군성전 석상

화순 국조전 단군 영정

화순 국조전 북한 단군 영정

서울 샤머니즘박물관 단군상

공주 태상전 단군 영정

순창 단성전 단군상

공주 단군성전 영정

대전 단군정맥 단군 영정

천안 한민족역사문화공원 단군상

울산 천부경연구원 천부보전 단군 영정

하동 삼성궁 다물전 단군상

서산 와우리 단군전 단군 영정 1913년 석판으로 인쇄한 영정을 설립자 김용학이 가져온 것으로, 상단에 단군천신(檀君天神)이라는 제명(題名)이 있고 하단에는 출판허가라고 되어 있으며 왼쪽 아래에 보진재석인(寶晉齋石印)이라고 인쇄되어 있다. 가로 38cm, 세로 54cm이다.

**부여 장하리 천진
전 천진** 백련 나
운영이 그린 것으
로 추정되며, 중
국산 인조비단에
전신을 얇게 채색
하여 그렸다. 현
재 부여 천진궁
내에는 사본이
걸려 있고 원본
은 국립부여박물
관에 위탁 보관
하고 있다. 충청
남도 문화재자료
제369호로, 가로
34㎝, 세로 53㎝
이다.

곡성 단군성전 단군 영정 1952년 단군전 건립 당시에 모셔진 영정으로, 가로 89㎝, 세로 114㎝이다.

밀양 천진궁 단군 영정 천진궁의 중앙에 단군 영정과 위패를 1953년 봉안했다. 가로 130*cm*, 세로 180*cm*이다.

함양경로당 단군 영정　1960년 단군전 건립 당시에 봉안한 영정으로, 현재는 함양경로당에 보관되어 있다. 가로 38cm, 세로 48cm이다.

무주 신불사 대천궁 단군상　1960년부터 단군을 모시던 이신희가 1984년에 신불사에 기증한 상으로, 높이는 97cm, 너비는 56cm이다. 재질은 청동이며 도금했다.

해남 단군전 단군 영정 1963년 설산 최광익 화백이 그린 영정으로, 단군성조영모회에서 보관하고 있다. 가로 75*cm*, 세로 148*cm*이다.

서울 현정회 단군상 불교 조각가 신상균이 6개월 걸려 완성한 작품으로, 1955년 천관암에 모셨다가 1968년 단군성전에 이전했다. 재료는 조각용 시멘트이다. 높이 278*cm*, 둘레 340 *cm*, 배면너비 130*cm*, 전면너비 124*cm*이다.

서울 현정회 단군 영정 홍숙호(예명 홍석창) 화백이 1978년 1월부터 6개월 동안 그린 영정이다. 재료는 비단(노방)이고, 안료는 석채이며, 가로 115㎝, 세로 170㎝이다. 1978년 8월 정부 표준영정(심의번호 77-27)으로 지정됐다.(현정회 사진 제공)

태백 단군성전 단군 영정 1975년 단군성전을 건립할 당시 모신 영정으로, 가로 100*cm*, 세로 164*cm*이다.

대전 단묘 단군 영정 1984년 홍익대 출신 화가가 그린 영정으로 단제성상(檀帝聖像)이란 제명(題名)이 있다. 재질은 종이이고, 가로 105cm, 세로 190cm이다.

대전 단묘 단군상 단군 영정 오른쪽에 모신 단군상으로, 높이는 39cm이다.

대전 단묘 삼신석상 꿈을 꾸고 얻었다는 이야기가 전해지는 삼신상으로, 왼쪽부터
환인, 환웅, 환검 순이다. 상 높이는 환인 80*cm*, 환웅 75*cm*, 환검 73*cm*이다. 세 석상의
좌대는 가로 36*cm*, 세로 42*cm*이며 재질은 화강암이다.

서산 옥녀봉 단군전 영정 대종교 단군 영정을 모셨다가 현정회 영정을 바탕으로 최근에 다시 그려서 봉안했다. 영정 크기는 가로 86㎝, 세로 115㎝이다.

칠곡 국조전 단군 영정 현정회본을 저본으로 그려진 영정. 현정회 영정을 모사했으나, 노란 옷을 붉은 톤으로 바꾸고, 상호도 약간 두툼하게 표현했다. 가로 $90cm$, 세로 $140cm$ 재질은 베이다.

대구 수성구 단군성전 청동상 1981년 조성한 청동 단군상으로, 높이는 130*cm*
이고, 좌대는 가로 60*cm*, 세로 70*cm*이다.

여주 목아박물관 단군목조상1 박찬수 목아박물관장이 1980년대 환인 환웅상과 함께 비자나무로 제작한 단군목조상이다. 높이 45㎝이고, 좌대는 가로 25㎝, 세로 29㎝이다.

여주 목아박물관 단군목조상2 박찬수 목아박물관장이 1980년대 비자나무로 제작한 단군 목조상이다. 높이 90cm이고, 좌대는 가로 63cm, 세로 66cm이다.

가평 단군정신선양회 단군성전 석상 설립자 김춘자가 성금을 모아 1988년 음력 1월 15일에 건립한 국조단군성상으로, 높이 125*cm*이고, 좌대를 포함하면 2m인 석상이다.

화순 국조전 단군 영정 1989년 국조전에 봉안한 영정으로 불교화가 홍승표의 작품이며 채색은 중국 석분(石粉), 족자는 금박(金泊)이고, 한약 세신(細辛)으로 칠했다. 가로 102㎝, 세로 240㎝이다.

화순 국조전 북한 단군 영정 화순 국조전 설립자 강동원이 보유하고 있는 대황조(大皇祖) 자수영정(刺繡影幀)이다. 2007년에 북한 평양조선예술총국에서 자수미술을 담당한 수예가의 작품으로 8개월에 걸쳐 제작하였다. 가로 102*cm*, 세로 240*cm*이다.

서울 샤머니즘박물관 단군상 국가민속문화재 제258호로 지정된 서울 구파발 소재 금성당(錦城堂)에 개관한 샤머니즘박물관에 소장된 단군상이다. 나무에 채색.

공주 태상전 단군 영정 현정회본을 모델로 한 영정으로, 태백 단군성전, 칠곡 국조전, 서산 옥녀봉 단군전의 영정과 동일한 계열이다. 가로 130cm, 세로 160cm, 종이에 채색.

공주 단군성전 영정 공주 출신 화가 예담이 2001년에 그린 영정으로, 가로 85*cm*, 세로 100*cm*이다.

순창 단성전 단군상 1996년 단성전 건립 당시에 모신 상으로, 조각가 은연수의 작품이다. 재질은 돌이고, 높이 2m, 너비 1m 이다.

대전 단군정맥 단군 영정
2007년 정암(후嵒) 송기영 화백이 그린 영정으로, 대전 단군정맥 사무실에 보관되어 있다. 가로 85*cm*, 세로 162*cm*이다.

천안 한민족역사문화공원 단군상 2008년 10월 3일 천안 흑성산 한민족역사문화공원에 세워진 국내 최대의 단군상으로 조각가 이흥수의 작품이다. 한손에 지구를 들고 있으며, 재질은 청동이다. 높이는 16m이고 좌대를 포함하면 21m이다.(국학원 사진 제공)

울산 천부경연구원 천부보전 단군 영정 백원 김백룡의 차녀 김동숙이 그린 단군 영정을 촬영해서 2012년 천부경연구원에 모신 상이다. 가로 $100cm$, 세로 $140cm$의 사진이다.

하동 삼성궁 다물전 단군상 2012년에 세운 좌상으로, 좌대에 천치화주환검(天治化主桓儉)
이라는 제명이 있다. 높이는 122*cm*이다. 좌대는 가로 58*cm*, 세로 68*cm*, 높이 13*cm*이다.

❷ 종교단체

대종교 천진
대종교 단군조상
김제 증산법종교 태평전 단군상
서울 도봉산 천진사(천진전) 단군성상
부천 향림사 단군 영정1
부천 향림사 단군 영정2
부천 향림사 단군상
군산 옥구향교 단군상
진도 단군전 단군 영정
고창 단군성전 단군 영정
태백산 망경사 단군 영정
진안 은수사 단군 영정
대구 보궁 단군상
괴산 흥천사 단군 영정
청도 태천궁 단군 청동상
영동 선교 불광선인상
영동 선교 국조전 불광선인상
증산도 단군 영정
밀양 신불사 북한 단군 영정
참나도원 북한 단군 영정

대종교 천진 지성채 화백이 1946년에 그린 영정으로, 가로 60cm 세로 138cm이다. 재질은 천이다. 1949년에 국회의 동의를 받고 대한민국 국조 성상 표준본으로 공인되었다.(대종교 사진 제공)

대종교 단군조상
1975년 제작한 성조
단군(배달임금) 한배
검 상으로, 높이는 42
*cm*이다. 좌대는 가로
23*cm*, 세로 18*cm*, 재질
은 석고이다.

김제 증산법종교 태평전 단군상 1953년 모신 단군상으로 높이가 170㎝이다. 좌대는 가로 86㎝, 세로 93㎝이다.

서울 도봉산 천진사(천진전) 단군성상 1967년에 건립한 상으로, 단군상 높이는 6m이고 좌대를 포함하면 9m이다. 재질은 FRP이다.

부천 향림사 단군 영정1 단군의 계시를 받고 1968년에 제작한 단군 영정으로, 가로 59cm, 세로 99cm이다.

부천 향림사 단군 영정2 향림사 단군성전 내의 유화 작품으로 김종래 화백이 그렸다고 전해진다. 가로 84㎝, 세로 110㎝이다.

부천 향림사 단군상 향림사의 단군 영정을 바탕으로 1971년 제작한 상으로, 높이는 275*cm*이고, 단상은 가로 245*cm*, 세로 233*cm*, 높이 28*cm*이다.

진도 단군전 단군 영정 1978년 진도 출신 화가가 그린 영정으로, Ha shill로 서명되어 있다. 가로 84*cm*, 세로 127*cm*이다.

군산 옥구향교 단군상 1972년에 단군성묘 건립 당시에 모신 상으로, 높이는 85*cm*이고, 좌대는 가로 40*cm*, 세로 50*cm*, 높이 5*cm*이다.

고창 단군성전 단군 영정 1979년 단군 성전 건립 당시에 그려진 영정으로, 가로 74cm, 세로 145cm이다.

태백산 망경사 단군 영정 1982년 서울 인사동의 초상화 전 문화가에게 의뢰하 여 제작했다. 재질은 종이다.

진안 은수사 단군 영정 1987년 은수사에서 단군을 모신 태극전(太極殿)을 건립할 당시에 모신 영정으로, 가로 148*cm*, 세로 210*cm*이다.

대구 보궁 단군상
대종교 삼일원장을 지낸 신철호가 1980년대 모시고 있던 대천황천상제님으로 제명(題名)한 단군상을 기증받아 대구 보궁에 봉안하였다. 재질은 석고이고, 상 높이는 140㎝, 좌대는 가로 57㎝, 세로 70㎝, 높이 10㎝이다.

괴산 흥천사 단군 영정 1992년 단군전을 건립할 때 서울 인사동 초상화 전문화가가 그린 영정이다. 재질은 종이, 가로 *64cm*, 세로 *101cm*이다.

청도 태천궁 단군 청동상
강화도에서 단군을 모시
던 김재일이 1997년에
청동으로 제작한 상으
로, 2011년 태천궁에 모
시고 도금하였다. 두 손
에 거북 옥새를 들고 있
다. 단군상 높이는 265
cm, 너비는 *75cm*이다.

영동 선교 불광선인상 2000년 3월 선교 총본사에 세운 청동상으로 조각가 이
홍수의 작품이다. 높이가 6m로 좌대를 포함하면 9m이다.

영동 선교 국조전 불광선인상 2006년 국조전 천궁 대법당에 세운 불광선인 상으로, 조각가 이홍수의 작품이다. 좌청룡 우백호(左靑龍 右白虎)가 있으며 청동으로 제작하였다. 높이 4m, 너비 4.5m이다.

증산도 단군 영정 2002년 대구에 거주하는 이은택 화가가 그린 영정으로, 어진을 참고하여 복식과 배경을 재구성하였다고 한다. 재질은 비단이며, 가로 100 *cm*, 세로 138.2 *cm*이다.(증 산도 사진 제공)

밀양 신불사 북한 단군 영정 신불사의 설립자 강가울이 2005년 북한에서 기증 받은 자수 단군 영정으로, 가로 80cm 세로 110cm이다.

참나도원 북한 단군 영정 2006년 북한만수대창작사 소속 김영일 화가가 천에 그린 단군 영정이다. 백두산 천지를 배경으로 하고 있으며, 영정에 돌가루를 입혔다. 가로 300㎝, 세로 162㎝이다.

❸ 북한 및 일본

북한 평양 단군릉 단군상
일본 히꼬산신궁 후지와라고유
일본 고마산 무궁화공원 단군상

북한 평양 단군릉 단군상 북한은 1994년 10월 11일 북한의 평양직할시 강동군 대박산 기슭의 단군릉을 성역화하면서, 22m 높이에 9층 피라미드 형태의 능을 세우고, 밖에 부루·부소·부우·부여의 네 아들과 팽우·고시·해월·비천생·신지·치우·주인·여수기 등의 여덟 신하의 조각상과 함께 단군상을 세웠다. 무덤칸 안에도 단군 영정이 있는데, 뒤에 수록한 개인 소장 북한 단군 영정 도판과 동일하다.

일본 히꼬산신궁 후지와라고 유(藤原恒雄) 수험도(修驗道) 의 본산이자 성지인 규슈 히 꼬산(英彦山) 신궁(神宮)에 후지와라고유(藤原恒雄)의 상이 모셔져 있다. 계체(繼體) 천황 25년(531년) 히코산에 절을 지은 개산조(開山祖)인 북위의 승려 선정(善正)을 그 린 그림이다. 2017년 8월 답 사했을 때에는 인근의 규슈 역사박물관(九州歷史博物館) 제1전시실의 앞자리에 전시 되어 있었다. 이 상은 타가와 군 소에다초에서 발견되었는 데, 박물관의 설명에 의하면 17,18세기 무렵에 그려진 것 이라고 한다. 박성수와 나가 노(長野 覺) 교수는 이 상을 한국의 단군상으로 추정했다. 이 지역이 고대로부터 한국 과 교류하던 통로이고, 사쯔 마 가문이 백제의 후예이며, 또한 한국의 화랑도와의 관 계가 있다고 간주되는 수험 도의 본산이라는 점을 참작 할 필요가 있다.(출처_『韓國 檀君神話と英彦山開山傳 承の謎』)

일본 고마산 무궁화공원 단군상　거제 출신 재일교포 사업가 윤병도(尹炳道, 1930~2010)가 2000년 일본 고마신사(高麗神社) 옆 고마산(高麗山)에 무궁화동산을 조성하고, 일제강점기 36년을 상징한 36층의 '재일한민족무연지령탑(無緣之靈塔)'을 세웠다. 주변에는 고구려 광개토대왕, 신라 태종무열왕, 백제 왕인 박사, 고려 정몽주, 조선 신사임당 상을 세우고 가장 높은 곳에 단군상을 세워놓았다. 이들 석상은 모두 국내에서 제작해 와서 세웠다.(남상만 사진 제공)

4

개인 소장 영정

❶ 광복 이전

1883년 명문본 단군 영정

1883년 명문본 단군 영정 _ 밑그림1

1883년 명문본 단군 영정 _ 배접지1

1883년 명문본 단군 영정 _ 배접지2

1883년 명문본 단군 영정 _ 화기

백의 단군

단군 반신상

대종교본 모사 영정

왕관을 쓴 단군

민화 단군 1

민화 단군 2

단군 액자

단군 영정

인쇄본 영정

백두산 천지 배경의 칼라 인쇄본

천지 배경의 단군 액자 2점

조선사료연찬회 단군 액자

『성경팔리』본 초상 2점

반신 단군 초상

단군 사진첩

한배검 사진 액자

1883년 명문본 단군 영정 우하단의 화기에 1883년에 그려져 봉안된 것으로 적혀 있
는, 현존하는 최고(最古)의 단군 영정. 조선 후기 북한 구월산 삼성사나 은산 단군묘
등에 모셔져 있었던 것으로 추정된다. 위 51.5㎝(아래는 49㎝), 높이 80㎝, 천에 채색.

1883년 명문본 단군 영정 _ 밑그림1 영정 밑에 받쳐놓은 밑그림.

1883년 명문본 단군 영정 _ 배접지1 밑그림1의 아래에 배접해 놓은 그림. 두 선관(仙官)을 그린 것으로 추정된다.

1883년 명문본 단군 영정 _ 배접지2 맨 밑에 붙어 있던 배접지에 그려진 스케치. 불상이나 신선상과는 다른 모습으로 주목을 끈다.

1883년 명문본 단군 영정 _ 화기(畵記)

우하단에 위치하며, 시주자와 편수의 이름이 다음과 같이 기록되어
있다.

光緒九年 癸未 十月
奉安檀君畵象
施主帙 乙亥生 金奠
乙丑生 李斗聖
片手 乙卯生 金觀伍

光緒9년은 고종20년, 즉 1883年이고 시주자의 乙亥는 1815년, 乙丑
은 1805년일 가능성이 높다. 그리고 화공 金觀伍 片手가 乙卯생이라
고 했는데, 1795년 혹은 1855년 생으로 추정된다. 대종교본과 비교해
보면, 단군의 상호가 씩씩한 장년의 모습이며, 의상이 컬러풀하게 표현
되어 있다. 웃옷에는 꽃무늬가 있고, 하의는 오색 비단의 색동치마로
되어 있어 고구려 양식을 보여주고 있다

백의 단군 전체적으로는 대종교 영정의 형식을 빌려왔으나, 흰옷으로 그렸다. 이유립의 저서『커발한 문화사상사』에 이 영정이 환웅상으로 소개되어 있는데, 대전지역에서 이유립과 관련된 단체에서 소장했던 단군상으로 추정된다. 가로 48.5cm, 세로66cm이며 천에 묵으로 그렸다.

단군 반신상 대종교 단군 영정을 모사한 상으로 반신상으로 그렸다. 가로 *46cm*, 세로 50 *cm*, 한지에 채색.

대종교본 모사 영정

전체적으로 대종교
본 영정을 모사한
단군 영정이다. 가
로 49㎝, 세로73㎝,
한지에 채색.

왕관을 쓴 단군 대종교본을 변형해서, 상호는 약간 젊게 보이며, 제왕의 관을 쓰고 녹색으로 후광을 표현했다. 의자도 일제강점기에 유행한 근대 서양식 의자로 바뀌었다. 가로 58*cm*, 세로 119*cm*, 한지에 채색.

민화 단군1 대종교본을 민화풍으로 표현했다. 구한말의 엄숙했던 단군 모습이 친근감 있는 모습으로 조정되고 있음을 보여 준다. 가로 72㎝, 세로 92㎝, 한지에 채색.

민화 단군2 모자 대신에 머리에 월계관 모양의 나뭇잎을 그렸고, 허리의 나뭇잎도 간략하게 변형된 모습으로 표현했다. 가로 44.5*cm*, 세로 72*cm*, 천에 채색.

단군 액자 전체적으로는 대종교본을 모사했으나, 다소 젊어진 모습으로 표현해서 이전의 엄숙한 느낌보다는 밝은 느낌을 준다. 가로 39.5㎝, 세로 46㎝, 한지에 채색.

단군 영정 전체적으로는 대종교 영정의 모습을 취해서 모사했으나, 다소 젊고 밝은 모습으로 표현했다. 가로 38cm, 세로 53cm, 종이에 채색.

인쇄본 영정 대종교 영정의 사진을 인쇄해서 보급한 형태로, 많은 시간이 경과한 흔적을 보여 준다. 가로 31㎝, 세로 47.5㎝, 일제강점기에 인쇄했다.

백두산 천지 배경의 칼라 인쇄본 일제강점기 칼라로 인쇄된 백두산 천지를 배경으로 한 단군초상. 작은 액자에 접어 넣었던 흔적이 남아 있다. 가로 30㎝, 세로 42㎝, 종이에 채색 인쇄.

우리 시조 단군

朝鮮始祖檀君

천지 배경의 단군 액자 2점

앞 사진과 동일한 천지를 배경으로 한 단군 영정으로 단군 상에 후광을 크게 표현했고, 하늘에 무궁화로 좌측 장식했다. 좌측에 각기 단군천진봉안회와 선불교 대구지부에서 발행했다는 내용이 적혀 있다. 가로 26.5cm, 세로 38cm, 종이에 채색 인쇄.

조선사료연찬회 단군 액자 해방 무렵 조선사료연찬회에서 컬러로 인쇄한 단군상. 같은 그림이지만, 단군 액자는 세월의 흔적을 선명하게 보여 준다. 가로26.5, 세로 38cm, 종이에 채색 인쇄.

國祖檀君聖像

『성경팔리』본 초상 2점

왼쪽은 『성경팔리』의 속표지에 들어 있던 조상을 인쇄한 영정 액자이고, 오른쪽은 해방 직후에 [단기 4279년(서기1946년)] 이름 모사한 흑백 상이다. 가로 19cm, 세로 26cm, 총이에 채색 인쇄이다.

반신 단군 초상 일제
강점기에 인쇄된 단
군 초상으로, 상반신
만 남아 있는 상태이
다. 대종교본 영정을
모델로 했으나, 전체
적으로는 젊은 모습
으로 그렸고, 네 귀퉁
이에는 일제강점기
에 나라꽃으로 인식
되었던 무궁화를 장
식했다.

檀君聖祖御眞

단군 사진첩 앨범의 속에는 사진보호용 반투명지를 넣어서 정성스럽게 제작한 사진첩. 대종교본 영정을 모사했으나, 상호와 의복이 약간 다르다. 사진 상단에는 '단군성조어진(檀君聖祖御眞)'이라고 글자를 넣었다. 겉표지에는 할미꽃 종류의 문장(紋章)이 박혀 있는데, 국내가 아니라 중국이나 일본에서 제작했을 것으로 추정된다.

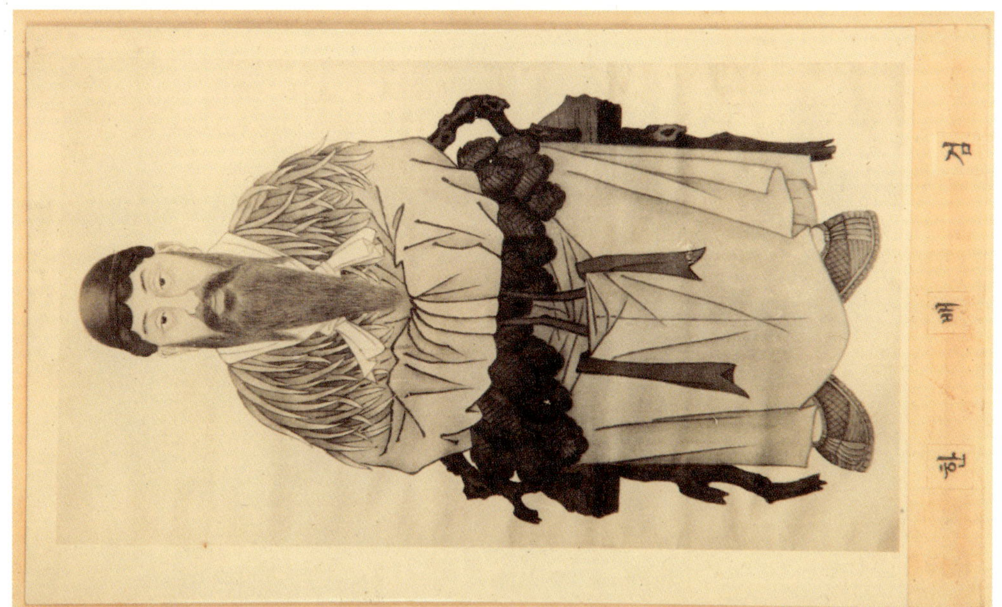

한배검 사진 액자 대종교총본사에서 사진을 인쇄해서 신도에게 보급한 사진 액자. 하단에 한배검이라고 글자를 넣었고, 유리액자에 넣어 걸 수 있도록 했다. 사진 크기는 가로 13cm, 세로20cm, 흑백 사진이다.

❷ 광복 이후

반신상 영정 액자

익산 천진전과 동일한 영정

단군 전신상

붉은 옷의 단군 영정 액자

백두산 천지 배경 영정

금색 후광 영정

월계관을 쓴 단군

연두색 커튼 단군

단군 전신 좌상

솔밭의 단군

조금석, 단군 비서갑 영정

단군 전신 좌상

단군 전신 좌상

단군 비서갑 1

단군 비서갑 2

단군 전신 좌상

단군 전신 좌상

붉은 후광의 단군 영정

유화 단군 영정

3단 후광 단군 영정

원방각을 든 영정

원방각 영정 1, 2

최광수 환웅 · 단군 영정

홍의 단군

붉은 바탕의 단군

탱화 단군

단군 족자

금빛 단군 영정

곰 단군상

정승섭, 단군 영정

유양옥, 단군 영정

정병권, 단군상

디지털 단군상

민화 단군

단군 전신 좌상

단군 기자 민화 1, 2

강용운, 극세필 단군 영정 2점

판화 단군

단군성조봉헌국민회 액자

단군 액자

단군 액자

모방작 단군상

호피 위에 앉은 단군

북한 단군 영정 2점

북한 단군 영정 자수

북한 초상 3점

북한 단군 영정

반신상 영정 액자 대종교본 영정의 모습을 다소 젊은 모습으로 표현했다. 반신상이지만 보기 드문 대작이다. 가로 86.5㎝, 세로 99㎝, 베에 채색.

익산 천진전과 동일한 영정 대종교본을 모델로 했으나, 젊은 장년의 모습으로 표현했다. 앞고름에도 풀잎을 장식했고, 나무의자가 아니라 바위에 걸터앉은 전신좌상으로, 익산 천진전의 모본이거나 같은 작가의 작품으로 추정된다. 가로 42cm, 세로 30.5cm, 천에 채색.

단군 전신상 대종교본을 모델로 다시 그린 단군 전신 좌상. 동정이 흰색으로 강조되었고, 장년의 모습으로 표현되었다. 가로 57.5㎝, 세로 105㎝, 비단에 채색.

붉은 옷의 단군 영정 액자 대종교본 영정을 다소 젊게 표현했고, 상하의를 붉은 색으로 표현한 것이 특징이다. 현정회 2대 이사장을 지낸 이항녕 교수의 소장본이라고 전해진다. 가로 21.5*cm*, 세로 28*cm*, 한지에 채색.

백두산 천지 배경 영정 장엄하게 그린 백두산 천지를 배경으로 황록색 계열로 단군상을 그렸다. 후광과 나무 의자는 금색을 칠해서 신비감을 더하도록 한 대작이다. 가로 114*cm*, 세로 114*cm*, 천에 채색.

금색 후광 영정 앞의 백두산 천지 배경 영정과 동일한 작가의 그림으로 추정된다. 가로 90
cm, 세로 66*cm*, 천에 채색.

월계관을 쓴 단군 월계관을 쓴 민화풍의 단군 영정. 나뭇잎과 의자를 단순하게 처리했다. 가로 72cm, 세로 44cm, 천에 채색.

연두색 커튼 단군 연두색 커튼으로 양 옆을 장식했다. 금색 후광이 상호를 돋보이게 한다. 가로 83㎝, 세로 63㎝, 종이에 채색.

단군 전신 좌상 대종교본을 다소 젊고 밝게 표현한 전신 좌상이다. 청록계열의 색을 주조로, 후광에 금색을 넣고, 붉은 구름을 양 옆으로 배치해서 상서를 표시했다. 좌하단에는 화기(畫記)가 있어서 규모가 있는 사찰이나 사묘용으로 제작된 것으로 보이나, 내용은 비어 있다. 가로 97cm, 세로 99cm, 천에 채색.

솔밭의 단군 우리 민족이 가장 친근하게 여기는 소나무를 양 옆에 배치한 단군 진신 좌상. 상단에는 붉은 구름이 상서를 보이고 있는데, 청홍의 대비가 뚜렷해서 마치 십장생도를 연상케하는 대작이다. 가로 120cm, 세로 180cm, 천에 채색.

조금석, 단군 비서갑 영정 중국에서 활동하는 조선족 출신 화가가 그린 단군과 비서갑 부처(夫妻)의 상. 단군은 팔괘도를 들었고, 비서갑은 여의주를 든 모습으로 형상화했다. 각 가로 59cm, 세로 88.5cm, 유화.

단군 전신 좌상 대종교본을 다소 밝고 젊게 그린 단군 전신 좌상. 가로 72㎝, 세로 100㎝, 천에 채색.

단군 전신 좌상 대종교본을 다소 젊게 표현한 단군 좌상이다. 가로 45.5*cm*, 세로 73*cm*, 천에 채색.

단군 비서갑 1
단군 비서갑 부처
를 함께 그렸다.
채색 인쇄.

단군 비서갑 2 이항
녕 소장본으로 전해
진다. 소형 액자.

단군 전신 좌상 대종교본을 모방해서 그린 전신 좌상. 대종교본에서의 평절모가 부처상 같은 나발(螺髮)이나 곱슬머리 형태로 표현하고 있어서 불교의 영향을 받은 영정으로 보인다. 가로 74*cm*, 세로 45.5*cm*, 천에 채색.

단군 전신 좌상 대종교본을 장년의 모습으로 변형해서 그렸다. 후광을 노란색으로 표현하고, 양옆에는 한반도 모양의 무궁화 그림으로 장식한 대작이다. 가로 90cm, 세로 154cm, 양옆 무궁화그림은 각 가로 71.5cm, 세로 141cm, 종이에 채색.

붉은 후광의 단군 영정 대종교본을 변형한 단군 영정. 상호를 젊은 모습으로, 후광을 붉게 그렸다. 나뭇잎을 허리로 두르지 않고 무릎에 그렸으며, 나무의자가 과장되어 있다. 가로 49㎝, 세로 76㎝, 한지에 채색.

유화 단군 영정 대종교본을 모델로 약간 젊게 표현했다. 붉은 색을 배경으로 단군을 돋보이게 그렸다. 가로 46cm, 세로 61cm, 유화.

3단 후광 단군 영정
대종교본 영정을 토대로 그린 전신 좌상. 후광을 노랑색의 3단으로 그려 신비감을 표현하고 있다. 석영 최광수(1932-1990)의 1980년대 작품과 유사하다. 가로 45*cm*, 세로 103*cm*, 종이에 채색.

원방각을 든 영정　천
부(天符) 삼인(三印)
으로 원방각을 든 영
정. 왼손에는 지팡이
를 들었고 후광은 하
늘색으로 표현했으
며, 호피와 나뭇잎으
로 장식한 털옷을 걸
치고 있다. 무주 신불
사에 모셔진 석영 최
광수 화백의 환웅 영
정과 동일한 형태로,
1980년대 작품으로
추정된다. 가로 45*cm*,
세로 103*cm*, 한지에
채색.

원방각 영정 1, 2
원방각의 삼인을 든 영정. 오른쪽은 사진에 '단군 한배검(開天聖祖桓雄像)'이라는 제명이 있어서 이 사진이 단군과 환웅으로 혼동되어 불리고 있음을 보여 준다. 왼쪽 가로 68.5㎝, 세로 134.5㎝, 종이에 채색, 오른쪽 가로 28.8㎝, 세로 57㎝, 종이에 채색 인쇄.

開天聖祖 桓雄像

최광수 환웅·단군 영정 석영 최광수(1932~1990)는 한의사로서 그가 그린 허준 영정은 국가 표준 영정으로 지정되었다. 인쇄 판넬.

홍의 단군 현정회본을 저본으로 하여 이목구비를 또렷하고 젊게 표현했다. 가로 53㎝, 세로 83㎝, 천에 채색.

붉은 바탕의 단군 대종교본을 저본으로 하여 색감을 뚜렷하게 대비시켜서 모사한 영정. 가로 41.5*cm*, 세로 61*cm*, 종이에 채색.

탱화 단군 탱화 작가가 그린 단군 영정. 불단에 모시기 위해 우하단에 화기가 마련되어 있다. 가로 100㎝, 세로 88㎝, 천에 채색.

단군 족자 대종교본을 저본으로 하여 그린 단군 족자. 가로 28.2*cm*, 세로 68 *cm*, 종이에 채색.

금빛 단군 영정 분홍 커튼을 배경으로 전신과 후광을 금빛으로 표현한 독특한 단군 영정.
국보 240호 윤두서의 자화상을 본뜬 듯하다. 가로 116㎝, 세로 147㎝, 텐트지에 채색.

곰 단군상 곰이 변한 웅녀(熊女)가 단군왕검을 낳았다는 기록처럼, 곰의 느낌을 주는 단군 영정. 재질은 비단이다.

정승섭, 단군 영정 정축(1997년) 개천절 기념으로 그린 현림 정승섭의 영정. 정승섭은 미술대학 교수로, 공자, 노자, 예수 등 성인 영정을 많이 그렸다. 가로 67cm, 세로 98cm, 한지에 채색.

유양옥, 단군 영정 민화 작가 유양옥 화백이 민화풍으로 단군을 형상화했으며, 나뭇잎과 풀잎은 시동의 의복위에 그렸다. 가로 72cm, 세로 92cm, 한지에 채색.

정병권, 단군상 원로 만화가 정병권 화백이 그린 단군. 정병권은 만화 창작 관련 저술을 남겼다.

디지털 단군상 카투니스트 이현철이 디지털로 그린 단군상.

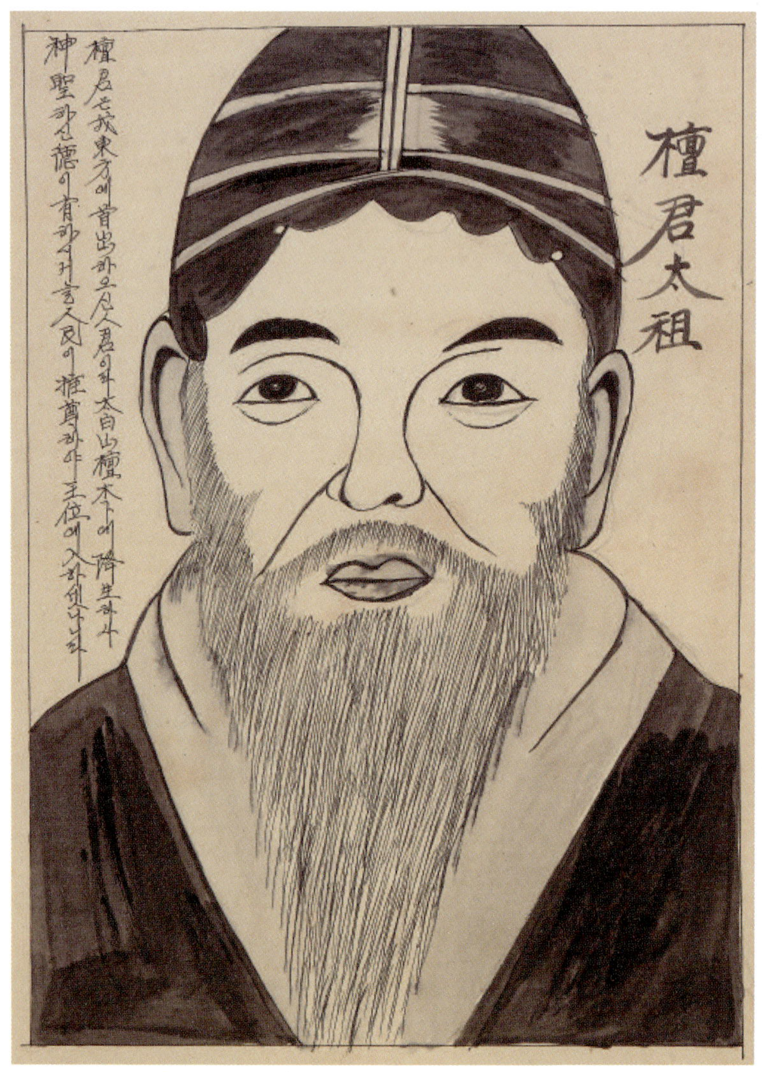

민화 단군 펜과 붓을 같이 사용해서 그린 민화 단군. 해방 후 민간에서 단군을 존숭하는 분위기가 널리 퍼져 있었음을 보여준다.

단군 전신 좌상 대종교 영정을 모델로, 근자에 그린 것으로 추정된다. 가로 25 *cm*, 세로 45*cm*, 한지에 채색.

190

단군 기자 민화 1, 2 조선시대 추앙받았던 단군과 기자를 같이 그렸다. 하단에 1947년 7월 26일 계당(溪堂)이 그렸다는 서명이 보인다. 해방 직후 민간에 단군을 존숭하는 분위기가 널리 퍼져 있었음을 보여준다. 각 가로 51 cm, 세로 75 cm, 종이에 먹.

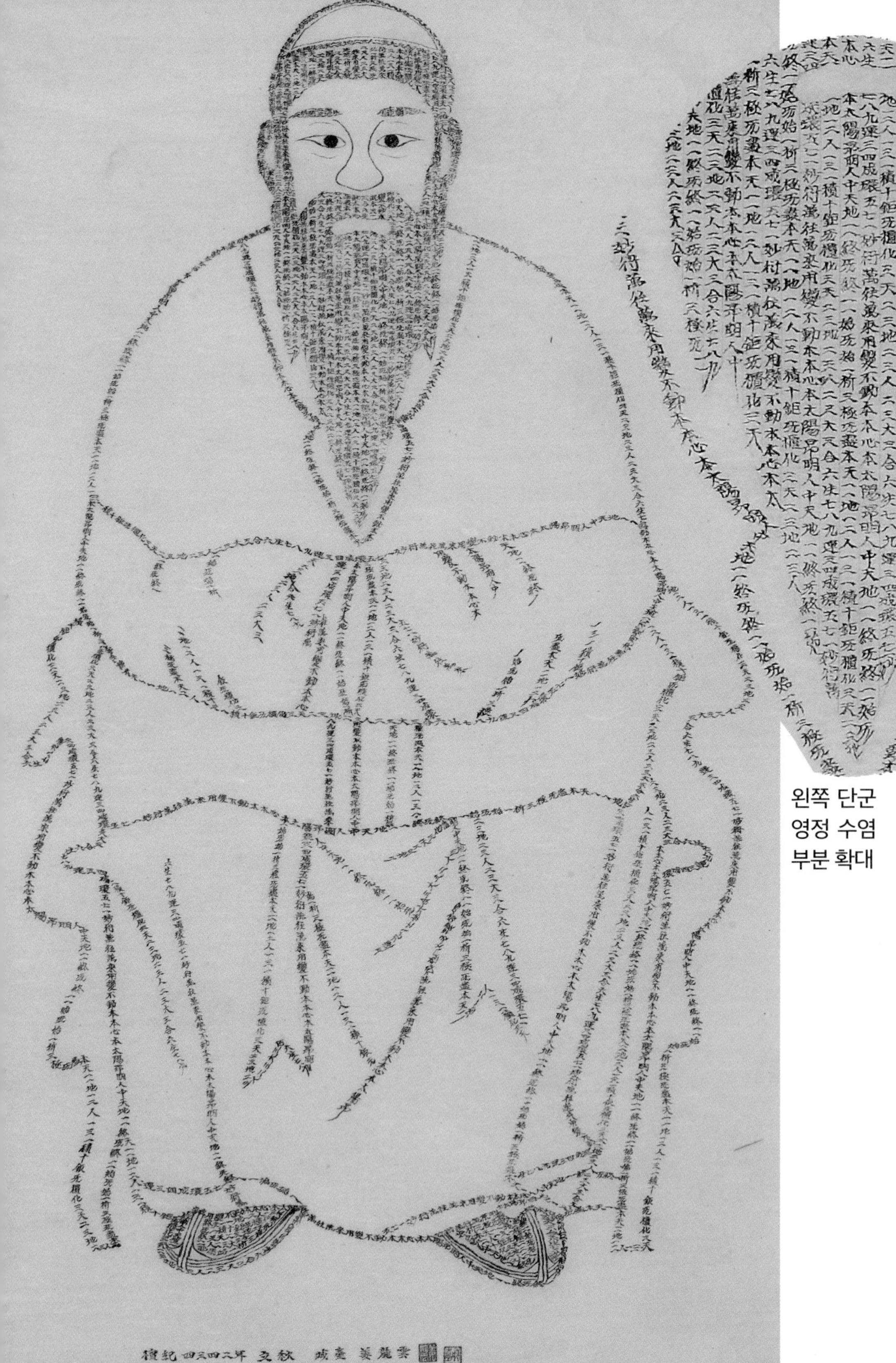

왼쪽 단군
영정 수염
부분 확대

강용운, 극세필 단군 영정 2점 왼쪽은 극세필로 천부경의 글자로만 그려진 단군 영정이고, 오른쪽은 단군 상 아래에 천부경을 한자와 한글로 썼다. 왼쪽 가로 61.5cm, 세로 90cm, 오른쪽 가로 24cm, 세로 74.5cm, 한지에 먹.

판화 단군 초상 위에 한배검이라고 새겨 넣었다. 가로 27*cm*, 세로 46.5*cm*, 판화.

단군성조봉헌국민회 액자 단군성조봉헌국민회에서 기증한 단군 액자. 대종교
본을 인쇄한 것이다. 사진 크기 가로 33cm, 세로 44.5cm, 종이에 인쇄.

단군 액자 소형 액자에 끼워 보급용으로 제작한 단군상.

단군 액자 단군 숭봉 단체에서 제작하여 보급한 단군 액자. 환웅의 상이라고 하기도 한다. 가로 60cm, 세로 90cm, 종이에 인쇄.

모방작 단군상 단군 영정에 대한 관심이 높아지자, 오래된 그림처럼 위조한 최근의 모방작이다. 가로 36 *cm*, 세로 78 *cm*, 한지.

198

호피 위에 앉은 단군 고목 나무의자 대신에 호피를 깔고 앉은 모습으로 그린 단군 좌상. 북한의 영정과 유사해서, 남북한의 단군상이 섞이는 모습을 보여 준다. 가로 53cm, 세로 89cm, 비단에 채색.

檀君

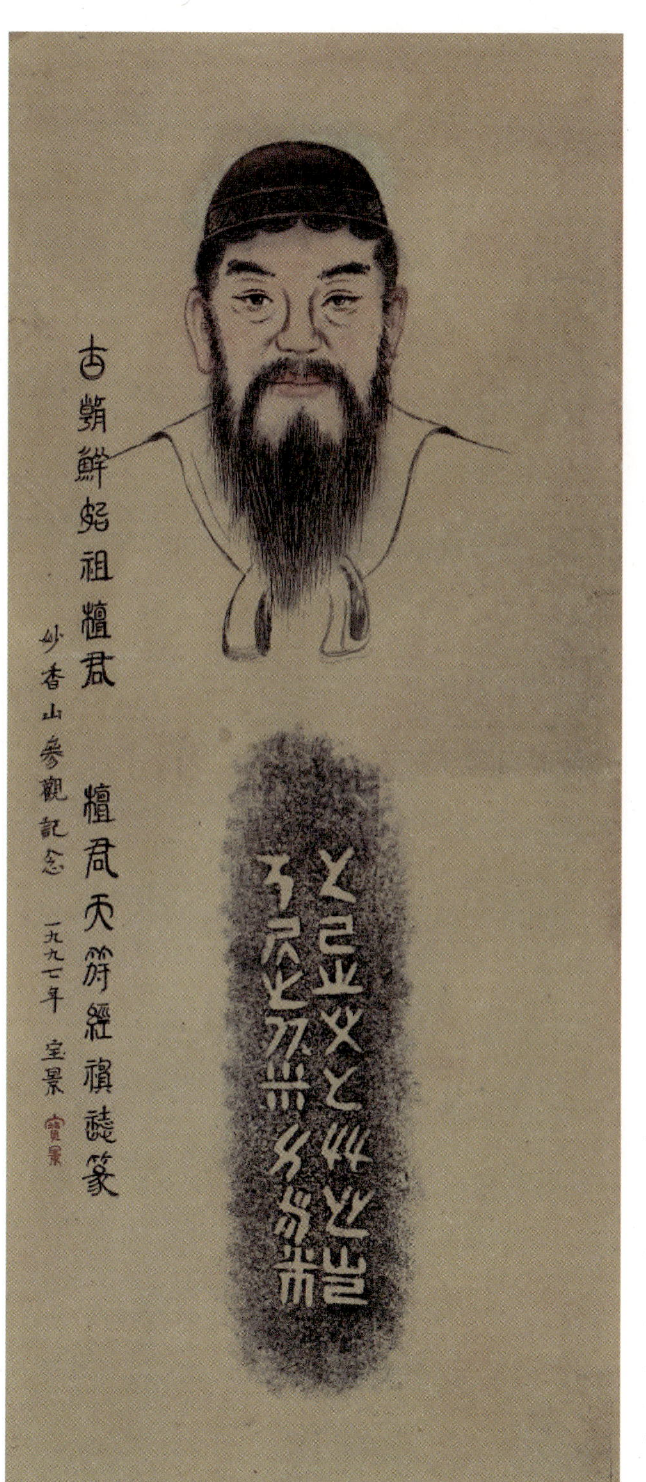

북한 단군 영정 2점 북한의 표준 영정을 모사한 단군 전신 좌상 1점과 평양 법수교 비문탁본을 같이 그린 단군 초상. 왼쪽 가로 73*cm*, 세로 133*cm*, 종이에 채색, 오른쪽 가로 21*cm*, 세로 49.5*cm*, 종이에 채색.

북한 단군 영정 자수 중앙 가로 29㎝, 세로 40㎝, 천에 자수를 놓았다.

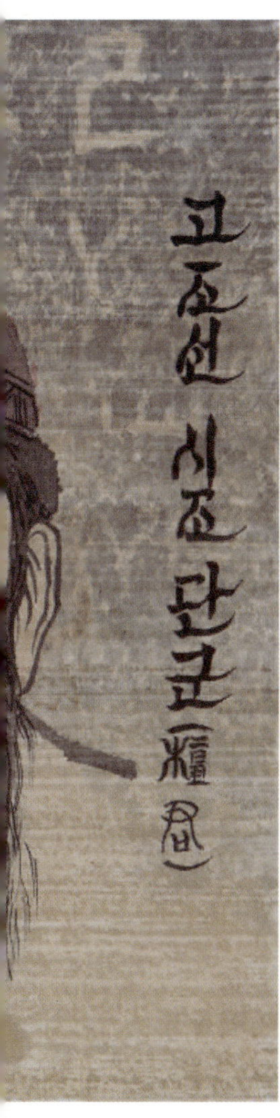

북한 초상 3점 위 3점은 천에 채색으로 단군의 상호만을 그린 초상이다. 왼쪽 가로 21cm, 세로 29.7cm, 중앙 가로 29cm, 세로 39.5cm, 오른쪽 가로 32cm, 세로 41cm.

북한 단군 영정 전형적인 북한의 단군 영정. 좌측에 '단군 5012년'이라고 표기했는데, 단군릉에서 발굴된 유골을 전자상자성공명법으로 연대를 측정해 보니 5천여 년 전의 단군의 유해로 확인되었다고 한 것에 근거한 것이다. 가로 101.5㎝, 세로 70㎝, 비단에 채색, 족자.

❸ 단군 조소상

일제강점기, 청동 부조상

광복 무렵 청동 단군상

광복 무렵, 청동 단군상

광복 무렵, 단군 목조각상

광복 이후, 옥돌 조각상

광복 이후, 석고 소조상 1

광복 이후, 석고 소조상 2

60년대, 곰과 범을 거느린 단군 목각

70년대, 구리 소조상

80년대, 석고 부조상

90년대, 단군 석상

90년대, 목각 좌상

이홍수, 단군 캐릭터상 3점

통일기원단군국조상

4329년 개천절 범민족대회 기념 메달

4333년 개천한민족대축제 기념 메달

동판 초상

일제강점기, 청동 부조상 일제강점기에 제작된 단군 부조상.
너비 24.5㎝, 높이 46.5㎝, 청동.

광복 무렵 청동 단군상 광복 무렵에 제작된 청동 소조상. 가로 8.5*cm*, 세로 8.5*cm*, 높이 18*cm*, 청동.

광복 무렵, 청동 단군상 광복 무렵에 제작된 것
으로 추정되는 청동 소조상. 너비 7*㎝*, 높이
10*㎝*, 청동.

광복 무렵, 단군 목조각상 광복 직후에 제작된 것으로 추정되는 목조각상. 너비 17㎝, 높이 35.5㎝, 나무.

광복 이후, 옥돌 조각상 광복 이후에 조각된 것으로 추정되는
조각상. 너비 13㎝, 높이 21㎝, 옥돌.

광복 이후, 석고 소조상 1 광복 이후에 학교 등에 전시되었던 교육자료로 추정되는 석고 소조상. 너비 26㎝, 높이 52㎝, 석고에 도색.

광복 이후, 석고 소조상 2 '성조 단군(배달 임금) 한 배검'이란 명문이 있다. 대전 단묘에도 같은 상이 모셔져 있다. 가로 18cm, 세로 21cm, 높이 40cm.

212

60년대, 곰과 범을 거느린 단군 목각 『삼국유사』의 단군 신화 내용 그대로 곰과 범을 함께 표현한 민간의 목조각 단군상. 가로 30*cm*, 세로 25*cm*, 높이 48*cm*, 나무.(윤한주 사진 제공)

70년대, 구리 소조상 60, 70년대에 제작되었을 것으로 추정되는 동 소조상. 너비 14*cm*, 높이 20.5*cm*, 구리.

80년대, 석고 부조상 너비 25*cm*, 높이 47*cm*, 석고에 도금.

90년대, 단군 석상 가로 23㎝, 세로 23㎝, 높이 39㎝, 화강암.(윤한주 사진 제공)

90년대, 목각 좌상 대종교 표준영정을 본따서
조각한 단군 목각 좌상. 가로 36*cm*, 세로 30*cm*,
높이 62*cm*, 나무.(윤한주 사진 제공)

이홍수, 단군 캐릭터상 3점 단군상 조각가 이홍수가 최근에 제작한 캐릭터 단군. 이전의 엄숙함보다는 친근감을 강조하여, 현대적 감각의 새로운 형상을 보여 준다.(윤한주 사진 제공)

통일기원단군국조상 통일을 기원하는 의미에서 제작 보급된 단군상.

4329년 개천절 범민족대회 기념 메달 단기4329년(서기1996년) 개천절을 기념하기 위해 만든 메달에 새겨진 단군상.

4333년 개천한민족대축제 기념 메달 단기4333년(서기2000년) 개천절을 기념하기 위해 만든 메달에 새겨진 단군상.

동판 초상 북한에서 1994년 단군릉 성역화 이후에 만든 표준영정을 인쇄한 동판. 가로 13*cm*, 세로 18*cm*.

❹ 삽화·인쇄물

『초등대한역사』

『신궁건축지』

『단전요의』

고유상, 『오천년조선역사』

국조단군칙어 전단지

『강도지』

『단기고사』

『국조단군지』

『인생필지강륜결』

한국전쟁 삐라1

한국전쟁 삐라2

개천절 포스터

현대위인열사초상

초등학교 괘도

한사요람

『동서위인약전』

역사대요

현대 대한 위인 충렬보의 단군 영정

현대 대한 위인 충렬보

임자년 달력 표지

배달문화연구원 단군 엽서

단군 포스터

단군마니숭조회 『단군』

한국 위인 초상

역대위인상

『천부경』 표지

북한, 『민족의 원시조 단군』

『초등대한역사』(1908)

『신궁건축지』(1910)

『단전요의』(1925)

고유상, 『오천년조선역사』(1930)

국조단군칙어 전
단지(일제강점기)

『강도지』(1932)

『단기고사』(1949)

『국조단군지』(1953)

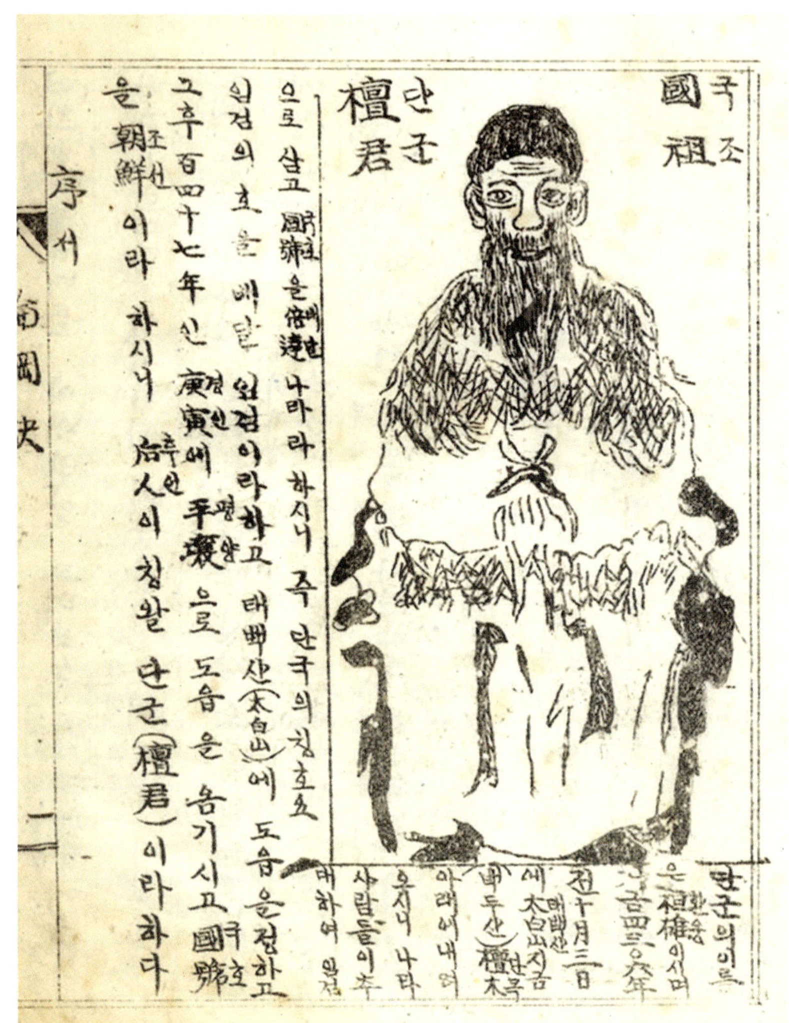

『인생필지강륜결』(1973)

한국전쟁 삐라1 (1950)

한국전쟁 삐라2 (1950)

개천절 포스터

단군 (檀君)

반만년 역사를 이룩하고 광화문 문짝을 자랑하는 우리 겨레는 단일 민족이나 ... 동포의 ... 그 상에 계시는 어른이 단군 ... 이시다.

...

    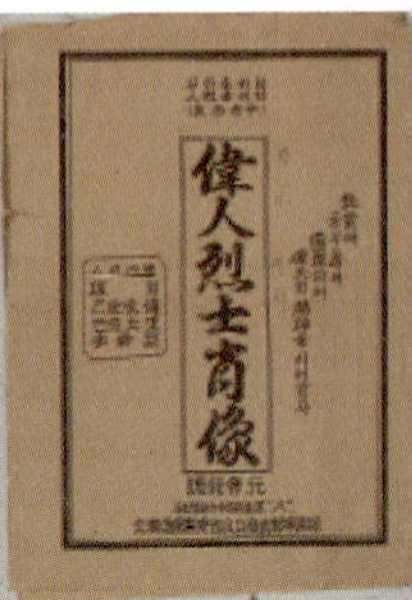

현대위인열사초상(광복 후)

(대한상의경찰관자립 회직할사업부 발행)

단군은 우리 민족의 시조이시다. 태백산 (백두산)에서 나시어 기원전 2333년 10월 3일에 나라를 처음 세우고 백성들을 교화하시었다. 우리는 이 날을 개천절이라 부르고 길이 기념한다.

초등학교 괘도
(한일교육사 발행)

한사요람(연표, 1949)
(단군귀일회 부산지부 발행)

『동서위인약전』(1954)
(문영공사 발행)

역사대요(연표, 광복 후)
(문화홍보사 발행)

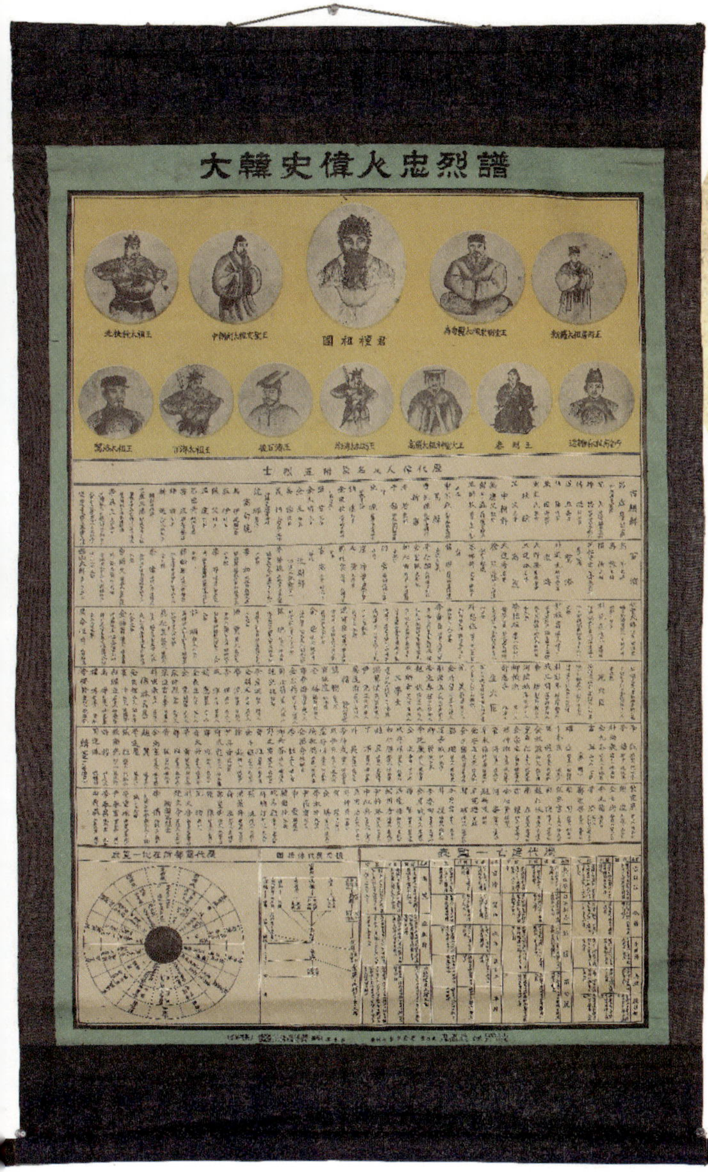

현대 대한 위인 충렬보의
단군 초상 (연표, 1954)

현대 대한 위인 충렬보(연
표, 1954) 가로 58*cm*, 세
로 86*cm*.(조국사 발행)

임자년 달력 표지(1972)

배달문화연구원 단군 엽서

단군 포스터(1979.6.21.)

(단군성조봉헌국민회 발행)

단군마니숭조회『단군』(1987)

한국 위인 초상(화보, 1980년대)

역대위인상(도표, 1980)

북한, 『우리 민족의 원시조 단군』표
지(단군민족통일협의회, 2004)

❺ 만화·그림동화·아동화

박기당, 『단군왕검』
김산호, 『대쥬신제국사』
단군 관련 만화책
그림동화
『우리의 조상』(계몽사)에 실린 단군상
『위인 365일』(국민서관)에 실린 단군상
새마을 노트
개천절 교육자료
김산호, 단군 영정 전시회 포스터
개천절 기념 아동화
단군상 아동화

박기당, 『단군왕검』(1980)

김산호, 『대쥬신제국사』(1994)

단군 관련 만화책

그림 동화

『우리의 조상』(계몽사, 1980)에
실린 단군상

『위인 365일』(국민
서관, 1993)에 실린
단군상

새마을 노트(1970년대)

개천절 교육 자료 (1970년대)

김산호, 단군 영정 전시회 포스터(2003)

**개천절 기념
아동화**
개천절 기념 아동화
는 초등 3학년이 도
화지에 그렸다.

단군
할아버지
개천절

개천절

단군

개천절

단군상 아동화

• 이 책의 도판은 한국민족종교협의회와 도서출판 덕주가 협약하여 『단군사묘·유적·유물 집성』(한국민족종교협의회, 2017)에 실린 것을 바탕으로 추가, 보완하였다.
• 73~122쪽 도판은 『단군사묘·유적·유물 집성』의 공저자로 참여 했던 '윤한주'가 제공한 것이며, 별도 제공자가 있을 경우 해당 도판 설명에 표기하였다.
• 222쪽 이후에 있는 다음 도판들은 연락처를 파악할 수 없어서 저작자를 확인할 수 없었다. 이후에 확인이 되는 대로 사용 허락을 받겠다. 개천절 포스터, 현대위인열사초상, 초등학교 괘도, 한상요람, 『동서위인약전』, 역사대요, 현대 대한 위인 충렬보, 임자년 달력 표지, 배달문화연구원 단군 엽서, 단군 포스터, 단군마니숭조회 『단군』, 한국 위인 초상, 역대위인상. 개천절 기념 아동화, 단군상 아동화.